変貌するイラン

イスラーム共和国体制の思想と核疑惑問題

駒野欽一

明石書店

はじめに

世界史的にみれば第2次世界大戦後の比較的戦争が少ない平和な時代にあって、中東では、イスラエル建国にまつわるイスラエルとアラブ側との4次にわたる中東戦争のほか、イラン・イラク戦争と2度の湾岸戦争、また米国における9・11同時多発テロ事件を契機とするアフガン戦争、さらにはイスラエルとレバノン・ヘズボッラーとの33日戦争、同じくパレスチナ・ガザ地区の自治組織ハマスとの22日戦争、最近では2012年末のイスラエル・ハマス8日戦争といった具合に戦火が絶えない。加えて、2010年末に始まった「アラブの春」で知られる北アフリカ諸国での民衆蜂起を原動力とする長期専制体制崩壊の動きは、関係各国に民主主義を基調とする安定と繁栄をもたらすことになるのか、あるいは却って不安定を極めるのか、エジプトにおける選挙で選ばれたムルシ政権の実力による排除など民主化の後退も顕著でありその帰趨はいまだ明らかではない。シリアの国内状況も混迷を深める一方である。

そうした中で、本書のテーマであるイラン・イスラーム共和国は1979年のイスラーム革命を経て35年目を迎えるが、この間著者が親しくするイランの外交官[注1]がしみじみ述懐したように、イランも「10年に一度は、自国が戦場となる（イラクによる侵攻）、あるいは自国周辺で超大国が関与する戦争（アフガニスタンとイラク）が起こるなどして、一日として安閑としていられる日はない」状況にあって、イランを含めた中東においては戦争は遠いかなたの出来事ではないのである。根深い民族的・宗教的・

政治的対立や複雑な国際関係を背景として、中東においてはいつ戦争が発生してもおかしくない状況があり、ひとたび戦火が勃発すれば容易に域内各国を巻き込みかねないし、その影響は国際政治・経済全体に及ぶ。

そのイランが、外目にもまた内においても構造的な大変貌を遂げつつあるのは、40余年にわたってイランとかかわりを有してきた筆者にとっても驚きである。同時に、外から見るイランのイメージとイラン国内にあって理解されるイランの現実との大きな乖離をも感じざるを得ない。イランの現実とイメージの乖離の最たるものは、イランの核疑惑問題に凝縮されているといえよう。

イランをめぐる内外の動きはめまぐるしい。核疑惑問題をめぐっては、2012年を通じて米国の大統領選挙を舞台にイスラエルによる米国をも巻き込んだイラン核関連施設への軍事攻撃の可能性が繰り返し懸念されたし、また2013年のイランの大統領選挙では事前の予想を覆して勝利したロウハーニ政権が国内外の課題に対して現実的な取り組みを強め、その成果として核問題に関するP5+1（国連安保理常任理事国5か国と独）との交渉で最終解決に向けた第1段階の合意に達した。イランの核疑惑問題解決に向けて双方は、まずは信頼醸成のために核開発の抑制措置や査察の強化（イラン側）と制裁の一部緩和（P5+1側）を受け入れ実施していくことになった。

交渉過程では米国とイランの粘り強い直接交渉が目を引いたが、合意はお互いが相手の約束違反を理由に破棄できる前提でのものであり、成功裏の実施が保証されるわけではない。また次の段階である核問題に関する最終合意、さらにはその先の米国とイランの国交回復までは長い道のりといわざるを得ないが、ともかく3分の1世紀にわたって敵対してきた米国とイランがハイレベルで真剣に交渉し合意に達した意義は少なくなかろう。

イラン・米国の相互不信は根深い。第2期オバマ政権誕生後米国がイランと直接交渉の用意ありと提案した際に、イランのハーメネイ最高指導者はある集会で次のように述べている（趣旨）。

「米国のいう交渉とは、これまでの例からすると相手方（イラン側）に米国の言い分を聞けということであり、イランが理を尽くして自らの立場を主張しても聞く耳を持たない。逆にイラン側が交渉をぶち壊したと世界のマスコミを使って悪宣伝する。米国の直接交渉に向けた提案とはそうした宣伝のためのものである。したがって自分（最高指導者）は、米国が誠実にかつ具体的行動を以って態度を改めない限り、米国との交渉を許すつもりはない。また、米国とシオニストの影響下にある世界の大マスコミに向かって発言するつもりもない」

イラン核疑惑問題とその背後にあるイラン・米国関係の解決・改善のカギを握る最終的決定権者の基本的認識がこれである。

イランと米国との間の強い相互不信の背景には、イランと国際社会との間の接触の欠如やそれに基づく彼我の認識の不足という現実があり、その是正に向けた努力に問題の永続的解決へのカギが秘められていると思う。本書では筆者自身のイラン現地での見聞や経験も踏まえ、核疑惑問題に象徴されるイランの頑なともいえる立場・態度や、それにもかかわらず解決に向けて大胆なかじ取りをする背景を分析・浮き彫りにすることでイスラーム共和国体制の真実に迫っていきたい。

本書の構成は次の通りである。

第1部では、ロウハーニ政権登場の背景とその目標とする経済の再建及び国際社会への復帰に向けての努力を概観し、政権発足100日目の段階での実績を評価する。当然のことながら、これまでの政権とくにアフマディネジャード政権の幾多の負の遺産を背負っての取り組みであり、それは国内経済対策のみならず核問題をめぐる国際関係、さらには国内社会における緊張関係の緩和をも含む多様な取り組みとならざるを得ない。複雑に絡み合った課題をとぎ解す作業は始まったばかりであり、核疑惑問題の第1段階における合意は文字通りそうした努力の第一歩に過ぎないが、その意義を明かし今後の展開に触れる。

第2部では、ロウハーニ政権が背負う柵《しがらみ》の複雑な様相を解明する。イスラーム共和国体制の歴史、なかんずくアフマディネジャード政権下の政治、経済、外交・安全保障分野の流れを整理することでこの体制全体の特質を把握するとともに、特に核疑惑問題については、これまでの国際社会との駆け引き、核問題解決のカギを握るイランと米国それぞれの事情・立場の分析に加えて、制裁強化の流れの中でイラン経済全体や国民生活が深刻な影響を受けながらなおかつ原則的立場を崩そうとしないイランが、何を考えいかなる主張を行ってきたのかを精査する。その中で、イランがアフマディネジャード政権とは対極にあるロウハーニ政権を誕生させ、かつ核疑惑問題で米国と真剣に交渉し合意にこぎつけるというダイナミズムが体制に内在することも浮き彫りになろう。

第3部では、イラン事情の理解に不可欠となるイスラーム共和国体制の特異なプレイヤーのうち、特に体制のトップに君臨する最高指導者（初代がホメイニ師、現在は2代目のハーメネイ師）、体制を支える大黒柱としての革命ガード、それにイラン式民主主義である「宗教的国民中心主義」の主役と位置づけられる「国民」について、その役割や行動を分析する。体制の主要なプレイヤーとして大統領の役割も特筆する必要があるが、体制のあり方に一石を投じたアフマディネジャード大統領の立場や行動を踏まえて大統領ポストの権力と魅力については第2部で取り上げた。

第3部ではまた、イラン革命後今日に至るまで止む気配のない政治勢力間の対立・抗争の背後で、利害や人間関係の対立・拮抗と並んで観察される世界観、さらには宗教観の違いに触れておく。イスラーム共和国体制の長期展望を考えるにあたって、この国民的アイデンティティの分裂ともいうべき思想や信念上の対立、背後にある民族感情とイスラーム主義の相克・調和の問題は、イランの安定のために克服すべき最大の課題といえよう。

最後に2点、すなわち筆者のイランとのかかわりと、本書執筆の材料となっているイランでの報道における「自由」に触れておきたい。

筆者は1971年夏外務省のペルシア語研修生としてイランに赴任し、薔薇とナイチンゲールと詩で有名なシラーズの大学でペルシア語・文学を勉強した後、73年夏からイラン革命直前の78年12月まで、テヘランの日本大使館で第1回目のイラン勤務を行った。帰国の際の飛行機便は、革命を前にイラン情勢が不穏の度を増す中で、今は廃止されてしまった日本航空の南回り世界一周線（実際は羽田・ロンドン間の世界半周）の最終便となった。帰国後は息つく暇もなく、外務省のイラン担当官としてイラン現地情勢を追い、ホメイニ師のパリからの帰還・パハラビ国王のイラン脱出・革命の成就・在テヘランの米国大使館占拠人質事件・イラクとの戦争など、ただでさえよくわからない革命政権の実態把握に苦慮する中で、現地情勢の速くしかも劇的な展開に翻弄されつつ日本としての対応を模索する日々が続いた。

ほぼ3年弱、そんな落ち着かない日々を過ごし、その後2年間はイランとはまったく関係のない仕事をやった後、83年夏には再度イラン勤務のお鉢が回ってきた。当時、米国外交官の人質事件こそ解決していたものの、イラクとの戦争はまだ続いていたし、ホメイニ師も存命であった。外務省から命じられた任務は2つ、いずれはやってくるイラクとの戦争終結とホメイニ師の死去情報を、他国や現地駐在邦人メディア関係者に遅れることなく入手して報告せよというものであった。87年夏までの4年間のイラン勤務期間中には、いずれもが起こらず2度目のイラン勤務は終了した（イラクとの停戦は翌88年8月、ホメイニ師の死去は89年6月であった）。

その後23年間イランとは直接関係ない勤務を繰り返した後、２０１０年10月3度目のイラン赴任となり、大使としてちょうど2年間、外交官生活最後をイランで勤務することになった。23年間のブランクはあるといっても、現地語を学び土地勘を有する者として、テヘランでの仕事と生活は充実し飽きることがなかった。それもイラン社会のダイナミックな動きを直接肌で感じ理解できたからであろう。20年余を経過したイラン社会は、革命前のシャーの時代、さらに革命後のイラクとの戦争時代とはずいぶん様相を異にしていた。テヘランでの仕事と生活は日々驚きと発見の連続であった、と言えば誇張になるであろうか。イランの専門家である筆者のそれまで持っていたイランに対するイメージさえも、日々変貌するイランの現実を前に、かなり乖離が生じていることに正直我ながら驚かされた。

イランにおける「報道の自由」の存在こそは、本書執筆のベースである。

シャー時代や革命後のイラクとの戦争時代のイランのマスコミには、体制の強い統制が働き、正直報道に自由といったものが感じられず読者にとって面白味に欠けるものであった。現在でも、イランのマスコミに対する監督は厳しくタブーも少なくないが、同時に、政治勢力間の激しい対立・抗争が繰り返される中で、政治勢力にとってマスコミやミニコミはライバルを牽制し闘いを有利に進めるための有力な武器であり、皆活発に活用している。相手側を窮地に貶めたり自己側の弁護のために、本来であれば公にされない事実が日常的・意図的に洩らされる。それらがすべて事実であるかどうかは大いに疑問であるが、イラン社会の底流や舞台裏での出来事を理解する手掛かりになる。政治の指導者たちのみならず、政府等関係者のマスコミに対する態度もそれなりに前向きであり、メディアに対してコメントやブリーフィングをよくするし、お喋りも多い。筆者のイラン勤務期間中は、毎日ペルシア語紙に目を通すことが、仕事であると同時に大いなる楽しみであった。目にした記事内容をそのまま信じるわけにはいかないし、吟味しフォローして確認していく必要があるが、イランの現実理解の手がかりの第一歩となる貴重な媒体であることは間違いない。本書で述べていることは、そうした日常の情報収集・分析作業を通じて構想されたものである。

豊かな資源（化石燃料や地下鉱物資源のみならず人的資源）に恵まれ、かつ世界のこの地域（中東）に花開いた文明・文化の多くの担い手であったイラン人が、革命後の3分の1世紀にもわたって国際社会から半ば孤立して生きなければならなかったことは、イランにとっても国際社会にとっても不幸な出来事である。そうした孤立状況にあってもなお輝かしい達成を手中にし、かつダイナミックな生成発展を遂げるイラン社会である。国際社会の信頼される一員となった暁には、その発展は大いに加速されるであろう。そうした状況を1日も早く招来するために、国際社会の側においてもイランへの理解を深め、イランに対する現実的な対応を模索していくことが必要であろう。本書がそうした努力の一助となれば幸いである。

【注】

1　アラグチ外務次官。前駐日大使で、核問題におけるイラン側交渉団のメンバー。

凡例

1　本書に登場する関係者の肩書きは、原則、当時のものである。またイラン人の名前は、原語の音に近い表記に努めた。

2　本書に多数引用した関係者の発言は、ペルシア語現地紙に報道された発言内容を筆者が邦訳したものである。統計数字等も同様である。ザリフ・イラン国連常駐代表の国連安保理での発言など、報道以外の出典である場合は、その旨記した。

なお、引用発言中のカッコ内は、発言の意味がわかりやすくなるよう筆者が補足した。

3　イランでは３つの暦が使われている。イスラーム暦元年（西暦６２２年）をスタートとするイスラーム太陽暦（イラン暦）、太陰暦であるイスラーム暦および西洋暦である。イスラーム太陽暦が一般的であるが、イスラーム太陰暦は宗教行事の実施に用いられる。西洋暦も併用されるが地方などでは一般的ではない。イラン暦の新年は3月21日、２０１４年3月21日はイラン暦１３９３年の新年である。

本書では、イラン予算など多くの統計数字がイラン太陽暦をベースとしていることから、イラン暦での表示を多用しているが、適宜西洋暦をカッコ内に表示した。また、西洋暦をベースとする場合にはそのまま表示したが、必要に応じイラン太陽暦をカッコ内に表示した。

4　イランの通貨の単位はリアルであるが、ドルとの換算率は、イランへの制裁が強化されて以降、変動が激しい。1ドル＝1万リアル前後でしばらく安定していたものが、3万〜4万リアルまで下落した。ロウハーニ政権の登場とともに、1ドル＝2万5000リアル前後の水準で落ちつきを取り戻したが、本書では、便宜上、1ドルを1万リアル換算で表示している。

石油収入や輸出入など、そもそも外貨で表示されるものもある。

5　石油の輸出・生産数において、BDとあるのはバーレル／日の意味である。

変貌するイラン——イスラーム共和国体制の思想と核疑惑問題

目次

第3部　イスラーム共和国体制の人と思想

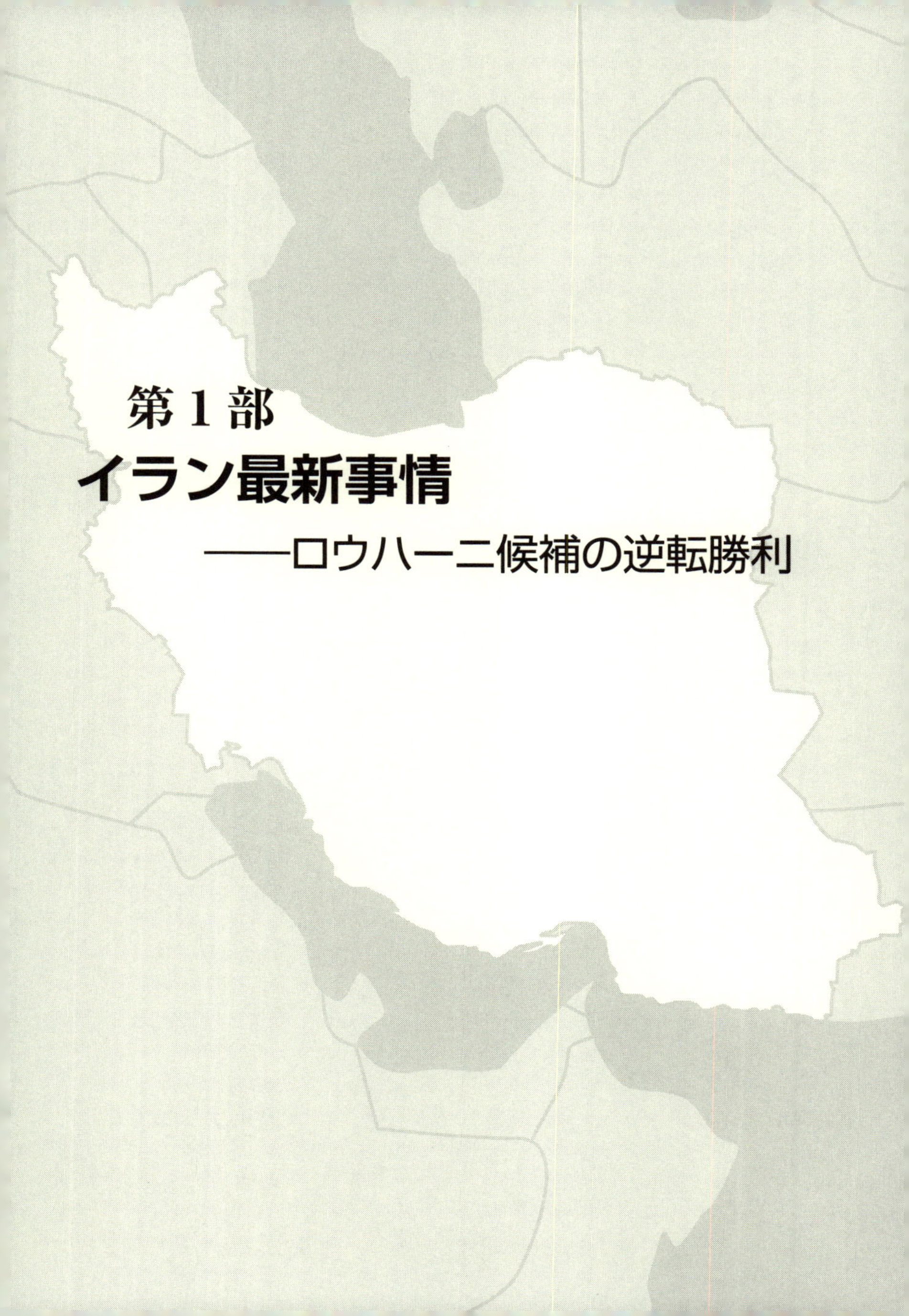

第1部
イラン最新事情
――ロウハーニ候補の逆転勝利

2013年8月、ロウハーニ大統領の誕生を転機とするイランをめぐる動きは、9月、ニューヨークの国連総会を舞台とした米国とのハイレベルでの接触（首脳レベルでの電話会談や外相レベルでの会談）、10月から11月、ジュネーブにおける核問題についての米国を中心とするP5＋1との交渉及び核問題解決に向けての第1段階の合意など、それまでの常識では考えられないものであった。核問題を中心とする新政権の取り組みに世界の注目が集まり、核問題解決への期待もにわかに高まってきた。核問題が解決し、背後にある米国とイランの関係に改善が図られれば、イラン国内のみならず地域・国際情勢へのインパクトも計り知れまい。

そこで問題は、イラン新政権の変身が単に経済制裁解除を目論んだ見せかけだけのものなのか（イスラエルのネタンヤフー首相などはそう主張している）、あるいはイランの国内政策や国際社会との関係も含めて本格的な変革をもたらすものなのかということである。

結論から言えば、ロウハーニ政権の変革志向は筋金入りのようである。然らば問題は、そうした試みがうまくいくかどうかである。

長い歴史と多様な文化を背景に持ち、革命政権として3分の1世紀というそれなりに長い時間を生き延びてきたイランが、この間築きあげられてきた数々の枠組みや柵（しがらみ）から直ちに脱することはあり得ないものの、体制の枠組みや構造自体にそれなりの柔軟性や変化への志向・力学が内包されており、新政権の改革に向けた試みを注意深く見守る必要があろう。

そこでまずロウハーニ大統領誕生の背景やその目指すところを分析し、果たして今後大統領の思惑通りことが進むのか、将来の判断の際の拠り所を明らかにしておきたい。

第1章　ロウハーニ政権の登場と融和政策

1．ロウハーニ大統領選出の背景

２０１３年６月実施された第11期大統領選挙は、ハーメネイ最高指導者の掌の内で実施されて、しかも同最高指導者の期待・思惑以上にうまく行ったということができよう。

イランの大統領選挙は、数多の立候補者の中から少ない数の適格者が選ばれて選挙戦に臨み、国民の自由投票に委ねられる仕組みであるが、この数少ない適格者を選考する役割を担うのが憲法擁護評議会である。評議会のそもそもの役割は、議会を通過した法律がイスラーム法と憲法に合致しているかをチェックすることであるが（合致していないと判断されれば法律は修正のために議会に差し戻される）、併せ国政選挙の認定機関でもある。評議会のメンバーは12人、うち半分は最高指導者直々の任命、残り半分は最高指導者が任命する司法権長が推薦し議会が承認する仕組みであることから、審議会のメンバーは自らの判断において当然最高指導者の意向を大いにおもんぱかることになる。今回の大統領選挙では最高指導者自身が意中の候補を明らかにすることはなかったが、核交渉の責任者であったジャリリ候補が最高指導者の意中の人であるともっぱら噂された。

こうした大統領候補者認定の仕組みが官製選挙と言われる理由であるが、体制の意に沿わない候補が事前に排除される仕組みであることは間違いない。と同時に、ロウハーニ候補も含めてこれまで３代続けてダークホースの候補者が大統領選挙に勝利してきた事実も看過できまい（すなわち3分の1世紀にわたる体制の半分の期間）。前任のアフマディネジャード大統領も、さらにその前任のハータミ大統領もいずれも事前の予想を覆しての勝利であった。詳細は後に記すが、世の中の変化を期待する幅広い国民の声をうまく吸収したからである。右から左までの幅広い選択肢があるわけではないものの候補者にはそれなりに異なった立場・志向があり、国民はその違いを微妙にかぎ分けて選択するといったら過言であろうか。イランの大統領選挙は、実態としてそれなりに民意が働くシステムであることは事実である。

今回の大統領選挙で７００名弱の立候補届出者の中から憲法擁護評議会によって有資格と認められたのは８名、有力な立候補届出者の中には、ラフサンジャーニ元大統領やマシャイ元大統領室長がいた。後者は、アフマディネジャード大統領が後継者に指名し事前にも選挙活動擬《もど》きの動きが目立ったが、憲法擁護評議会によって却下された。アフマディネジャード大統領は、立候補者届出以前の段階で、マシャイ候補が却下されるようなことがあれば最高指導者に直訴すると牽制していた。アフマディネジャード大統領は事実、却下後に2～3度最高指導者に直訴したようであるが、もはや却下を覆す力は失っていた。

同時に高齢を理由に立候補を却下されたラフサンジャーニ元大統領が静かに決定に従ったことで、アフマディネジャード大統領の矛先が鈍ったことも事実である（ラフサンジャーニ元大統領は、法律で認められる異議申し立ても行わなかったし、批判がましい発言もしなかった）。ラフサンジャーニ元大統領の潔き態度は、その後に同師が支持を表明したロウハーニ候補の勝利に貢献したし、元大統領自身の体制内における名誉・立場の復権にも大いに貢献し、[注1]新大統領の後ろ盾として現実派の立場から再び活発に発言をしている。

ハーメネイ最高指導者は、社会を覆う閉塞感の打破のためにイラン暦1392年（西暦2013／14年）のスローガンとして「経済と政治における奇跡」の実現を国民に訴え、その具体的ケースとして大統領選挙の半年も前から事あるごとに国民に大統領選挙への参加を呼びかけ、その成功裡の実施を訴えてきた。

選挙の結果は、有権者の73％弱、およそ3670万人の国民が投票し、ロウハーニ候補が約1860万票を獲得して決選投票を待たずに当選を決めた。2位は前評判の高かったガーリバーフ・テヘラン市長、3位はジャリリ候補といずれも保守派であったが、ロウハーニ候補との票差はそれぞれ3倍、4倍以上と大差をつけられての敗北であった。

ロウハーニ師は、保守派と改革派の双方に足場を持つ政治家である。選挙におけるロウハーニ候補勝利には、ハータミ元大統領の仕組んだ改革派候補のロウハーニ師への一本化の成功、現実派のラフサンジャーニ元大統領の候補資格否認後のロウハーニ候補支持表明に加えて、アフマディネジャード大統領の過激かつ独善的な統治スタイルに辟易していた保守派の一部の支持取り付けに成功したことが与って大きいが、全国民が投票する大統領選挙であることから、選挙運動期間を通じての各候補の主張を踏まえて国民の期待・気分が一気にロウハーニ候補に傾いたことも大きかった。国民生活を圧迫する経済困難の主因と国民が考える制裁強化、及びその解除のために不可欠なイラン核問題の解決に最も現実的に対応できるのがロウハーニ候補と考えられた点が最大の勝因であろう。

ハーメネイ最高指導者は、選挙が大した混乱もなく高い投票率で実施されたことに対して「政治の舞台における奇跡」の実現と評価し、同大統領への支持を表明した。最高指導者とロウハーニ師は、共に宗教者でありホメイニ師の下での同志として、初めからロウハーニ師に違和感がないことも最高指導者が同師の勝利を歓迎した所以であろう。同じく宗教者であるハータミ元大統領について最高指導者が、ハータミ師とは大統領当選後の８年間を通じて強い気持ちのつながりを持つようになった、と言ったのとは対照的である。

ロウハーニ大統領は、当選後大統領就任に向けての準備期間中や大統領就任式と閣僚候補の議会承認審議などの機会を通じて、イラン社会を内外から覆う閉塞感を払拭するために変革を実現することが国民からなされた信託であると繰り返し表明している。それでは大統領はいかなる原則の下、いかなる変革を目指しているのか。

2．ロウハーニ政権の基本的政治姿勢

ロウハーニ大統領は、自らの政府を「マネージメントと希望」の政府と銘打ち、本人のみならず閣僚たちにもこの形容句付きで政府の政策を語らせている。また、「公正と中道・中庸」を実現する内閣との枕詞も繰り返し語られている。その目指すところは、行政の運営における法律の遵守や透明性の確保、独善と独占さらには過激主義を排して、党派を超えた適材適所の人材を集めて集団の叡智を

写真１　ロウハーニ大統領。
（写真：Mojtaba Salimi 氏）

持って難局に当たり展望を切り開いていこうというものである。アフマディネジャード政権を直接的に批判することは少ないものの、いずれの原則・指針も前政権の招いた混乱の原因・要因を念頭に置いたものであることは誰の目にも明らかである。

ロウハーニ師は大統領選挙で当選が確定すると早速５００人の専門家からなる４つの作業チームを立ち上げて、経済、外交、安全保障、社会問題についての政策策定とそうした政策の実施に適切な人材のリストアップをさせている。議会に紹介された閣僚候補はいずれもそうしたリストの中から大統領自身がピックアップしたものである。党派を超えて、本人の能力や実績を中心に選考された結果、18人の閣僚候補は多くがラフサンジャーニ政権やハータミ政権で大臣あるいは副大臣として活躍した人たちである。議会では15人が信任投票を得たが、審議過程で平均年齢が60歳以上を超える老齢内閣と揶揄する議員もいた（当初の閣僚信任審議で否認されたポストの内、青年スポーツ相についてはその後も信任を得られず、４人目となる候補が信任を得たのは政権発足１００日目を迎える直前であった）。

ロウハーニ大統領は、新政権の課題が経済と国際関係の改善であると明言している。その中でも現下の状況では特に国際関係の改善が喫緊の課題と述べている。近隣諸国をはじめとして国際社会のメンバーと、相互尊敬と対等の立場に基づいてお互いの利益を確保できるよう建設的な対話を進めると公約している。

同時に大統領は、政策の実施が国民の代表ともいうべき議会や宗教界と正常な関係を維持することなしにはいかに困難であるかも十分承知しており、議会での大統領就任式後直ちに閣僚候補名簿を議会に提出しその早期信任を求めるとともに、その後も議会に足しげく運んで政策と閣僚候補への支持を訴えるなど議会重視の姿勢を鮮明にしている。また、宗教界との関係においては自ら宗教指導者であることに加えて、聖都コムやマシャッド・イスファハーンの高位宗教指導者の元に閣僚を手分けして派遣して意思疎通を図らせている。

また前回大統領選挙に伴う騒擾事件（「緑の運動」）を契機として国民の間に生じた大きな亀裂を埋めるために、選挙戦中に約束した憲法第3章に記される国民の諸権利の実現のために静かに布石を打ちつつある。国連総会出席前には、禁止されていたフェイスブックやツイッターを一部解禁し、また騒擾事件に関連して逮捕された活動家の一部を釈放し始めた。大統領はまた、市民の権利を明確に規定する「市民憲章」制定の準備を進めていると発言している。

こうした政権の基本姿勢や政策転換の背景には、アフマディネジャード政権末期の政治的・経済的閉塞感や国際的孤立の深まりの中で、もはやアフマディネジャード流の突っ張り政治ではいかんともしがたいとのロウハーニ大統領や新政権指導者の現実認識があるし、国民の期待も変革にあることを選挙戦を通じて膚で強く感じ取ったことがあろう。

またロウハーニ大統領が、核や対米関係など体制の根幹にかかわる問題の解決に向けて進む上で大きな障害になりかねない議会や宗教界との関係に殊の外意を用いているのは、まさにアフマディネジャード政権を他山の石としているからである。

最高指導者や議会も、ロウハーニ政権の取り組みを支持する立場を明らかにしている。閉塞感打開のために国民に「経済と政治における奇跡」の実現を訴え、政治面での奇跡（上記）に引き続いて、経済面での奇跡を是非とも実現したいハーメネイ最高指導者においては、話の通じるロウハーニ師に何とか経済の打開を図って欲しいということであろう。もっとも最高指導者自らが設定した核問題の解決や対米関係改善のための高いハードル（原則）は、ロウハーニ政権が今後交渉を進めていく上で足かせともなりかねない。原則を犯しかねない妥協に対しては最高指導者として断固反対しなければならない立場であるし、国内での反対勢力の動きが再び活発になるような状況となれば、最高指導者としてもこれまで説いてきた自らの強硬論に引きずられることは必至である。

国民からの信託を前面に押し出したロウハーニ政権の出だしの作戦は功を奏し、反対派は沈黙を余儀なくされている。本来であれば、自らの失策をとことん批判されているアフマディネジャード氏が黙っているはずもない局面であるが、自ら創設した「イラン人大学」の建設に勤しみ沈黙を守っているのは、捲土重来を期して時を待っている姿に見える。急進（過激）派の多くもとりあえず同様の立場をとっている。

ホメイニ師の弟子として革命前から運動に係り、革命後における保守派と改革派の対立を不可避・必然の動きと考えるロウハーニ師は、イラン政治の生き字引でもある。ロウハーニ師はまた、イランの政治においては政党は存続できず、選挙の時にのみ政党活動が活発になるが後は尻すぼみになってしまうと述べるなど、イラン政治のツボを心得た政治家である。その著作「国家安全保障と核外交」では、余計な人に口出しさせることで纏まる交渉も纏まらなくなると喝破しているが、新政権の基本姿勢と布陣を見れば外交も経済もその道の専門家に託して大統領自らは大所高所からリードし、急所においては自ら処するとの指導スタイルが透けて見える。核問題や対米関係においては特に、部外者の雑音を紛れ込ませないよう腐心しているようにみられる。

3. 実態は深刻な経済

素早い対応

ロウハーニ大統領が就任後最も早く任命した政権幹部はナハーバンディヤン・イラン商鉱工農業会議所会頭であり、議会の承認を必要としない大統領室長への登用であった。同会頭は、民間経済界の代表（財界総理）として前政権下政府との経済運営をめぐる対話・交渉で大変苦労した人物である。選挙後に設立された大統領の経済作業グループにも加わっている。議会での閣僚信任後、同グループメンバーを中心とするロウハーニ経済チームの動きは早かった。

「インフレ下の不況」克服に向けて、新政権は直ちに以下の取り組みを発表している。喫緊の経済上の課題としてまず3点を挙げた。国民生活に不可欠の基礎物資（米・麦、鶏肉・羊肉、砂糖・植物油など）の確保、補助金改革における国民への現金給付の継続（少なくともイラン暦年度内）、及び石油ガス生産の増加である。

喫緊の3つの課題のうち、第1の国民の基礎物資の確保こそは体制維持の生命線である。基礎食料品が市場から姿を消すような事態になれば、それこそ体制維持も覚束なくなる（アフマディネジャード政権下においてもかかる事態は回避されている）。大統領は、たとえば小麦の確保に関して、農業聖戦省は小麦生産を1350万トンと予測したが、実際国内農家から政府が調達できた量は遥かに及ばず不足分750万トンを輸入せざるを得ないと言っている。国内農家が生産への意欲を失い、また生産資機材（肥料や農機具、飼料など）の不足から国内生産が停滞したことが背景にある。そこで緊急対策には、従来からの基礎物資自体や飼料の輸入に加えて、肥料や中古農機具の輸入促進、農民からこれまで買い上げた農産品の未払い分の支払い、（次農業年度分の）農産品買い入れ価格の早期決定とその引き上げなどが含まれている。

次の補助金改革に伴う現金給付に関しては、（補助金漬けの）エネルギー製品の価格引き上げによって節約された補助金の総額に対して110％に相当する現金給付が国民になされているとの実態が公表された。持続不可能な事態であるが、とりあえずイラン暦年度末（西暦2014年3月）までの現金給付は何とか工面継続し、次年度予算で帰趨をはっきりさせることになった。現金給付対象から富裕層を削除する案が検討されているが、富裕層をいかに特定するかに苦労している。

3つ目の石油ガス生産に関しては、再登場となるザンギャネ石油相が、アフマディネジャード政権登場時（8年前）の生産水準（400万BD）に早急に引き上げると公約した。ザンギャネ石油相は、ハータミ政権時代に石油相として、欧米の石油会社を招き石油ガス生産の拡大に大いに貢献した実績を持つ。隣国カタールと共有するペルシア湾内のガス田開発とパッケージとなる、サウス・パールス・ガスコンビナート（ペルシア湾岸のエネルギー都市アサルイエから海岸線を北に広がる一帯）で操業中の10のフェーズの内８つは、ハータミ政権下自分（ザンギャネ石油相）の石油相時代に操業開始にこぎつけたものと発言している。同石油相は、早速海外の石油会社との協力再開を目指して、柔軟な契約形態を導入するための部内検討と国際石油会社との接触を始めたと報じられている。石油ガスの生産と輸出増大を図らない限り、イラン経済が従来の活況を呈することは極めて困難であるが、西側や中国・インドの大手石油会社がイランの石油・ガス開発に本格的に参画できるようにするためにも制裁の解除が不可欠である。

ロウハーニ経済チームは、経済対策を短期及び中・長期に分けて策定し実施するとの方針の下に、短期策は直ちにまとめて政権発足１００日内に効果の発現を目指すものとし、同時にこの間経済実態をできるだけ国民に公表していくこととした。短期策は直ちに発表され、イラン暦１３９２年度（西暦２０１３／14年）の予算法修正案に反映された。

短期経済対策としては、上述の農業関連の諸策に加えて工業分野の原材料・資機材輸入を促進するために、輸入者がＬＣ（信用状）の購入に当たって銀行から課される預託金（最高で輸入額の１３０％）を30％以内に抑える、また税関における輸入品の通関に当たって書類上の輸入額と実際のそれが10％以内の相違であれば不法と見なさい（従来は５％）などの支援策を打ち出した。

また、短期策の実施を財政的に担保するためにイラン暦１３９２年予算法の修正案を議会に提出したが、そこでは歳入見通しを現実に合わせて大幅に減額修正し、当初歳入額２１００億ドル（１ドル

1万リアル換算）を1540億ドルとした上で、支出項目の重点化を行い縮小均衡の度を強めている（本書第2部での記述との整合上1ドル1万リアルと換算しているが、自由市場での交換レートは3万リアル前後となっているから、実際は500億ドル強の歳出入規模になる）。

中・長期対策は1393年度予算（西暦2014／15年）に反映させることになるが、そこではインフレ抑制のためにばら撒き政策の見直しと過剰流動性の削減、及び軽視されてきた生産部門、すなわち工業・農業の振興策に重点が置かれよう。

社会の反応と経済実態

制裁強化の続く中で打ち出される政策は、経済全般と国民生活の改善に向けて特効薬になるわけではなく悪化の傾向を阻止する程度の効果であろうが、他方ロウハーニ政権の発足、ニューヨークでの国連総会を舞台とした核問題をめぐる国際社会特に米国との接触、またジュネーブでの第1段階の措置に関する合意は将来の核問題解決への期待を高め、それは外貨交換市場や金・金貨価格の落ち着き、株式市況の活況に表れている。

たとえば、自由市場におけるリアルの対ドル交換レートは、政府が設定した公式レート（1ドル1万2260リアル）から乖離していき、2012年9月にアフマディネジャード大統領が国連総会で演説した日には1ドル2万4450リアルから一気に2万6400リアルに下落し、さらに同年10月初には3万4500リアルに達した。それが、ロウハーニ大統領の登場でイラン暦1392年6月末（西暦2013年9月）の段階では2万9300リアルに上昇、大統領のニューヨーク訪問直前の9月

21日には1ドル２万８７００リアルとなり、以降も落ち着きを示している。

また18金（1グラム）の価格も、制裁強化時のイラン暦１３９１年６月（西暦２０１２年８／９月）には88万リアルであったものが、同年11月（西暦２０１３年１／２月）には１４０万リアルとピークを迎え高止まりしていた。それがイラン暦１３９２年６月末（西暦２０１３年９月）段階では93万リアルに下がり、さらに国際金価格の低落も相まってジュネーブ合意成立後は80万リアル台まで下がった（制裁強化後イランの金・金貨価格は国際価格に余り関係なく高止まりしていた）。

将来の経済への期待をより反映するテヘランの株式市況の動きはさらに顕著である。イラン暦１３９２年２月（西暦２０１３年４／５月）時点で３万８０００ポイントであった指数は、２０１３年６月ロウハーニ師が大統領選挙に勝利した段階で４万６０００ポイント、その後も着実に上昇を続け大統領の国連訪問時には一挙に約１２００ポイント上げて６万３０００台に今一息のところまで迫り、さらにジュネーブ合意後は８万ポイントの大台に乗せた。

ロウハーニ政権は国民に経済の実態を正直に報告すると約束している。実態はどうか。いずれも現地紙に報道されたかなりショッキングな数字である。

国内総生産の成長率は、イラン暦１３９０年度までの10年間の平均が4・97％であったが、制裁が強化された１３９１年度（西暦２０１２年３／４月～）はマイナス5・4％（石油除く）、また都市部の物価はイラン暦１３９１年度（西暦２０１２／13年）において４年前の２倍となっている（以上イラン統計局の統計による）。特にイラン暦１３９２年５月（西暦２０１３年７／８月）のインフレ率は前年度同期比39％増に達している（イラン中銀発表）。

製造業では50％以上の企業が、50％以下の操業率で稼働している（タイブニヤ経済・財政相）。失業率は12・5％、19歳から34歳までの若年層では特に高い（40％弱）。現在450万の高等教育履修者からは、毎年95万人が新たに労働市場に参入する（ロウハーニ大統領）。

こうした状況の中で頼りの石油収入はどうか。

2013年前半のイランの石油生産は280万BD（米エネルギー情報局）、毎月の石油収入は34億ドルで半年間の合計は204億ドル、その内毎月15億ドル分は（金融制裁のため）自由に使えない（米政府筋）。したがって単純に計算すれば、イランが自由に使える石油収入は、年間で、34億と15億の差分に12をかけ228億ドルということになる。

イランは石油収入の他に石油化学製品を中心としたその他輸出があり、それと輸入のバランスを図ることが実施中の第五次五か年開発計画の目標であるが、こちらはどうであろうか。

イラン暦1391年（西暦2012年3／4月〜）の輸出（石油除く）は410億ドル、輸入は530億ドル、いずれもこの1〜2年減少傾向にある。ちなみに、イラン暦1392年前半6か月（西暦2013年3／4〜8／9月）の輸出は180億ドル、輸入は200億ドルと輸出入ともにさらに縮小している。

イランにとって問題であるのは、輸入のおよそ90％を食料及び原材料・資機材が占め簡単に減らすことはできないこと、また外貨高騰後は輸出者が入手した外貨を自ら保持して他の輸入者に提供することをほとんどしなくなってしまったことである（密輸額が年間150〜200億ドルに達する）。その結果、輸入者に対する外貨の供給者は主として政府（中央銀行）とならざるを得ない。潤沢な石油収入があ

れば それでもうまく回すことができたが、それが困難になってドル他外貨の高騰を招いた。

頼みの外貨準備高は、アフマディネジャード政権下中央銀行総裁等がしきりと１５００億ドルの外貨ありと公言し同政権末期には大統領が１０００億ドルと述べたが、現在ではさらに縮小して、ＩＭＦの推定では８００億ドル（２０１３年８月）、しかも金融制裁のためにイランが自由に活用できる外貨準備高は遥かに少なく３００〜５００億ドルとの推定も行われている（米のシンクタンク）。

報じられるイラン関係者の折々の発言などからすると、外国の銀行に凍結されているイラン政府保有の外貨は、中国２２０億ユーロ、印・韓・日３国併せて１５０億ドルとされており上記の推定とほぼ一致する。

どこまで制裁に持ちこたえられるか

制裁強化が続けばイラン経済はどこまで持ちこたえられるのか。

単純化して、年間輸入額を４００億ドル（右記イラン暦１３９２年前半年の輸入額２００億ドル×２）とし必要外貨の多くを政府が輸入者に提供すると想定すれば、政府が手にする石油収入は全体のおよそ60％（残りは法律によりイラン国営石油公社と国家開発基金に振り分けられる）であることから、イラン政府は早ければ1年ないし2年内には重大な外貨危機に陥りかねないと言えよう。すなわち、輸入額（４００億ドル）と、使用可能な政府の年間の外貨収入（２２８億×０・６＝１３７億ドル）との差２６３億ドルで、制裁下使用可能な外貨準備高（３００億ないし５００億ドル）を割れば、早ければ１〜２年でイランの使用可能準備外貨は払底しかねないことになる。

オバマ政権第2期の発足直後、米側からの核問題をめぐるイランとの直接交渉を求める働きかけに対し、最高指導者が国民を前に繰り返し執拗に米国の姦計に乗せられないよう諌めたのが信じられないぐらいに、ロウハーニ政権の核問題への取り組みに向ける最高指導者のまなざしは優しい。そうした変化の背景には、大統領選挙で示された変革を求める民意への理解と共に、最高指導者にさえ必ずしも正確に報告されていなかった以上のような経済情勢の悪化がありそうである。

【注】

1　ラフサンジャーニ師とハーメネイ最高指導者やアフマディネジャード氏などとの関係については、第2部第1章2.（2）「ハーメネイ最高指導者とラフサンジャーニ元大統領の立場」や、同章3.（2）「戦略実現のためのアプローチ」を参照。

第2章　対外関係への果敢な取り組み

1．核問題が試金石

大統領のイニシアチブ

ロウハーニ大統領は対外関係の基本的考え方として、外交はスローガンでは済まされないし大向こうを唸らせる場ではないこと、時代はもはや力の行使で物事を解決できる状況にはなく話し合いによりウインーウインの関係を築く以外あり得ないこと、対外関係の改善に向けて対等と相互尊重の立場から互いの利益を確保するために建設的な話し合いを進めていくこと、を繰り返し述べている。

焦眉の急である核疑惑問題についても、イランは核兵器を開発する意図は全くないと宣言すると共に、上記原則に基づきイランと国際社会相互の利益、すなわちイランの正当な権利（平和的な核開発の権利と不法な制裁の撤廃）を国際社会が正式に認めること、同時にイランも国際社会が有するイランの核開発に関する理屈の通った懸念は払拭すること、という双方の利益を確保するため建設的な交渉の用意ありと表明した。

核問題に関する国際社会側のカギを握る米国のオバマ大統領も、こうしたロウハーニ大統領の姿勢・立場に呼応してロウハーニ大統領就任に際し祝賀メッセージを発出し、その中で改めて米イランの直接交渉を呼びかけた。ロウハーニ大統領も返簡を発し、その後4～5度の書簡のやり取りがなされたとロウハーニ大統領自ら認めている。

これら書簡のやり取りを通じて、イランの核問題解決に向けた両国首脳の政治的意図が一致・確認されたのは、それ自体革命後のイランと米国の関係の歴史の中で画期的なことと言える。

ロウハーニ大統領は、核問題・対米関係という体制の鬼門に取り組むにあたって2つの大きな指針を自らに課しているように見える。1つは、具体的交渉は最高の専門家集団に任せること、2つは前述の通り国内の様々な勢力に交渉への横やりや雑音を極力挟ませないことである。

核交渉チーム

交渉の成功を願う国民世論が背後にあるとはいえ、体制のイデオロギーと化した原則的立場を護りつつ柔軟に処するためには、豊かなアイディアと巧みな交渉力が必要なことは明らかである。

交渉責任者として大統領が白羽の矢を立てたのはザリフ元外務次官であった。外務大臣にザリフ氏を任命した上で、核問題の交渉責任者を関係者が多い従来の国家外交安全保障最高評議会から外務省に移管した。

ザリフ氏は、多国間交渉と対米関係の専門家として知られ、9・11同時多発テロ事件を契機とする米国を中心とする多国籍軍のアフガン侵攻後のボン会議（アフガンの政治的再建の道筋を決定）を成功に導いた立役者の1人であり、また米国のイラク進攻後のイラク国内の治安の乱れを収拾するために米国とイランが交渉した際のイラン側交渉担当者である。核交渉においてもロウハーニ師が交渉責任者であった時補佐役としてかかわっている。同氏自身、議会での閣僚信任のための審議に際して、こんなエピソードを明かして自信家の側面を覗かせた。

２００６年12月、イランの核問題が安保理に付託されて最初のイラン制裁決議が可決された際、ザリフ氏はイランの国連常駐代表として演説した（演説骨子資料１）。その際の同大使の筋の通った堂々たる演説はイランの立場をよく伝えたもので、翌日、安保理の常任理事国である英国大使は英国代表部内の内輪の会議の席でイラン常駐代表の演説に触れて、国益を守るというのはこういう演説をすることであるといって後輩たちにザリフ氏の演説文をしっかり勉強するようにアドバイスした。また報告を受けたハーメネイ最高指導者も、〝ザリフに、よくやったお疲れ様、と伝えるように〟と外務省関係者に指示したというのである（繰り返しになるがザリフ氏自身が議会の公開審議の場でそう言ったのである）。

資料１　国連安保理でのザリフ・イラン国連常駐代表の演説骨子、２００６年12月24日
（演説ペルシア語テキストから筆者がまとめた。段落数字は筆者が便宜上付した）

１．本日は核兵器不拡散体制にとって悲しむべき日である。数日前、イスラエルの首相が核兵器保有を誇らしげに語るのをとがめだてさえしなかった安保理が、イスラエルとは異なりＮＰＴ（核不拡散条約）のメンバー国であるイランに制裁を科したからである。イランは自らが信じるところ及び戦略的理由から核兵器の開発・所有・使用をはっきり拒否している。イランはほぼ2年間にわたりウラン濃縮活動を停止し、ＩＡＥＡの査察を受けながら、相互に受け入れ可能な解決を模索してきた。平和目的であるイランの核開発計画に対して、根拠なき罰則を科そうと安保理を駆ってきた政府（米英を指す）は、イスラエル政府を核不拡散体制に服させる（NPT加盟）ためには何もしていない。（核兵器保有の有無を）イスラエルがあえて曖昧にしてきたその偽善的政策を転換したことは、国際の平和と安全に対する現実的脅威（イスラエルの核兵器）を前に安保理が具体的行動をとるか否かを迫るものである（もはや不作為という選択はない）。

2. 核兵器を秘密裏に開発し保有することで却って利益を得る危険な体制（イスラエル）の命じるところに従って、不可侵の権利を行使する国民（イラン国民の核の平和的利用の権利）が（安保理を通じ）罰せられようとしているのは驚くには値しない。しかし、こんなことが許されて、はたして安保理の信頼を高めNPTの強化を図れるというのか。

歴史的に俯瞰すれば、本日の決議は安保理がこの60年間にわたってイラン国民になした不義の数々を想起させるものである。イランの石油国有化に際しての安保理の動き、常任理事国2か国（米英）によるイランでのクーデタ画策（シャーの祖国復帰支援）に対する安保理の無関心、イラクのイラン侵攻時の対応、さらにはイラクによるイランの兵士・市民に対する毒ガス使用に対する無関心など数え上げればきりがない。

3. いくつかの常任理事国、なかんずく米国による安保理へのイラン核問題付議は、問題の解決を望んでいるのでもなければ交渉促進を図ろうとするのでもない。米国にとり安保理は、イランがその権利を放棄するよう圧力をかける場でしかない。彼らの交渉の目的は、イランに権利の中断（核開発活動の停止）を迫り、中断状態を引き伸ばしその永続化を図ることである。解決策を見出すことはその目的ではない。そもそも、核活動の中断は問題の解決ではなく、あくまで真の解決を模索するための時間を生む措置に過ぎない。イランは２年間の核活動の中断と、３年間の交渉を繰り返してきた。

この間、ＥＵないし米国は彼らの言う核拡散への懸念を解消するためにいかなる提案をしたというのか。彼らは、イラン側の諸提案に対して真摯に検討したことさえない。

4．イランの諸提案は、そもそも核燃料サイクルに関する活動の多国間アプローチ（ＭＮＡ）[注1]というＩＡＥＡの考えを基礎としたものである。こうしたイランの提案は、ＮＰＴ体制強化のための世界的モデルとなって、核燃料サイクルに関する懸念を除去するものではないのか。それに対して米欧が２００６年を通じる交渉で狙っていたことは、イランに核燃料サイクルに係る活動を義務的に中断させることだけではなかったか。

5．本日イランがこの場（安保理会合）に出席しているのは、不法な（制裁）決議を拒否するだけではなく、核拡散の懸念を最大限緩和する用意があることを表明するためである。本決議の提案者たち（米欧）はイランの意図を信用しないというが、彼らの意図こそこれまで無残な記録で彩られている。ロバート・ゲーツCIA前長官は、1992年3月議会の公聴会で、イランは核兵器開発の能力を持とうとしているが2000年以前は無理であろうと証言した。同年11月には同じCIAが国家諜報報告で、イランは核兵器開発を進めており2000年までに核兵器を所有しようと結論している。今日同じ諜報機関は、2015年以前は無理としている。1980年初に遡りそれ以降彼らが、核兵器開発を意図してしているとイランを非難するのは、イランにいかなる核技術をも持たせないための口実に過ぎない。

6．意図といえば、（本決議案の）提案国こそはなはだ疑わしい。IAEA事務局長が最近、あなた方（決議案提案国）のイランへの見方の多くはイランの意図についての推測である、と述べている。イラクでの最近の出来事（米英軍等のイラク侵攻）の教訓は何か、結論を導くに当たっては極めて慎重でなればならないということではないのか。これらの問題は戦争と平和の分岐点となるからである。最近英国の首相（ブレア首相）は、8月23日米議会下院諜報委員会に提出されたイラン核問題に関するスタッフ報告を見よ、と言った。しかし、この報告こそ危険な程歪曲され、好戦論者がどこまでやろうとしているのかを示すものに他ならない。この報告書に対して、IAEAは間違いや紛らわし主張があるとして、特に報告書の核心部分を否定し反証している。

7．イランは、大量殺りく兵器の時代はとうに過ぎ去ったと信じる。それは国内の安定も対外的な安全保障ももたらさない。NPTを軽蔑するもの（イスラエル）とは異なり、イランはNPTを完全に実施し強化し普遍化することに高い意義を付している。

8．信頼を築く必要があると言われる。その通りであるが、それは法を尊重し公平に適用してこそ可能となる。それが唯一の客観的基準であり、国際法や国際条約は恣意的に勝手に再解釈されてはならないし、一方的に設定される譲れぬ一線（レッドライン）に左右されてはならない。

9．国連加盟国のほぼ3分の2は非同盟運動とイスラーム諸国会議のメンバー国である。イランが平和目的のための核エネルギー開発の権利を放棄するよう脅威・圧力に晒されていることに、彼らは懸念を表明してしている。彼らはまた、近隣諸国他の安全に対する脅威として、イスラエルによる核の能力取得に対して深刻な懸念を表明し、これこそ国連加盟国が安保理に取り組みを求める真の課題であるとしている。

外務省で大臣の副官を務めるのは、かつての駐日大使のアラグチ条約・国際問題担当次官である。大臣レベルでの核交渉に出席し大臣を補佐するほか、事務レベルでの交渉のイラン側代表を務める。また代表団のスポークスマン格でもあり、内外のマスコミへの露出度は格段に増した。

また、外務省との連携の下、ＩＡＥＡ（国際原子力機関）と査察に係る技術的交渉を行う原子力庁の長官には、アフマディネジャード政権の閣僚から唯一サーレヒ外相が横滑りした。もともと原子力科学者で原子力庁長官を務めた後外相に就任したから、核問題については最も精通した政治家の一人である。同長官は、イランの核問題は最終的にはロウハーニ大統領が最高指導者と相談して決めることだといっている。

交渉関係者の一挙手一投足に関心が集まり、また無用な発言が混乱を招きかねないＰ５＋１及びＩＡＥＡとの交渉のために、イラン側として望みうる最高レベルの交渉チームが結成されたといってよかろう。

対米関係についてはイデオロギー的な立場からイラン国内に反対は根強いし、また核問題に関してもイラン側の弱腰と映れば騒ぎ出しかねない勢力が存在する。そもそもロウハーニ大統領の成功を望まない勢力も存在する中で、そうした勢力に極力横やりや雑音を挟ませないためにロウハーニ大統領は、当然のことながら最高指導者との関係に加えて、議会や宗教界及び国民に特段の配慮を払っている。

アフマディネジャード大統領時代、核問題と対米関係を決定するのは自分であると公言したハーメネイ最高指導者は、ロウハーニ大統領の立場を支持する発言を何度かしている。国連総会に先立つ９月初に専門家会議（第３部第１章３．参照）のメンバーと会見した際には、「大統領はいろいろな分野で経験を有する宗教指導者で、活動的であり革命的である。皆で政府を助けなければならないし、自分（最高指導者）も政府を護るであろう」と発言している。また、その後ロウハーニ大統領の国連総会参加を前に核問題解決への期待が高まる中、革命ガード関係者との会見で最高指導者は、「（交渉における柔軟性発揮を意味する）〝英雄的柔軟性〟ということは、自分がかつて言ったことであり今もその意見に変わりない。外交の舞台は微笑と交渉が必要な場であるが、相手の本質、すなわち抑圧勢力とイスラーム革命との根深い戦いという枠組みの中で核問題も理解し、その上で〝英雄的柔軟性〟の戦術を用いる必要がある」といって、原則を外れた妥協は戒めつつロウハーニ大統領に裁量の余地を与えている。最高指導者の軟化とも思える態度の変化については、大統領選挙で示された変革を求める民意やおもいのほかの経済状況の悪化があろうとの点についてはすでに触れた。

外交デビュー

２０１３年９月ニューヨークの国連総会の機会には、ロウハーニ大統領とオバマ大統領の電話会談、ザリフ外相とＰ５＋１との間の外相会談、その場を利用してのイラン・米外相会談がハイライトとなったが、加えて総会演説や２国間の会談、さらには記者会見・講演の場等を通じてイランが核問題の解決に向けて交渉を真剣に進めていく意向であることが理解され、Ｐ５＋１、なかんずく米国がこれに積極的に応じることでその後の交渉に向けた舞台が整った。

ニューヨークでの出来事に関連して２点触れておきたい。１つは、イラン側はこの際イラン・米関係そのものの改善を図ろうとしていたのではないかという点、及び核交渉における基本的な方向付けについてである。

最初の点に関し、核問題の解決とイラン・米関係の改善は密接に関連しているとはいえ、核問題は複雑な両国関係の一部に過ぎないことも事実である。そこで、米国側はまず核問題を解決し、その過程で築き上げられる信頼関係をもって両国関係改善の基礎としていくとの考えを伝えた。オバマ大統領自身記者会見でそのように語り、またロウハーニ大統領も合意した。ニューヨークでのマスコミとのインタビューでロウハーニ大統領は、「自分とオバマ氏との書簡のやり取りで、我々は一つの問題（核問題）からスタートする必要があるとの見方に傾いた」と発言しているし、米国の権力中枢に通じたワシントン・ポスト紙のイグナチウス記者が、「イランはいろいろなチャネルを通じて、米との広範な安全保障枠組みについて交渉の用意があることを伝えてきた」と書いている。ロウハーニ大統領の頭の中では、当面は核交渉に集中していくが、ゆくゆくは対米関係の改善も視野に入れていることは間違いなかろう。

2点目の核交渉の方向付けについては、時期と交渉の仕方について以下の点が明らかとなっている。時期については、いずれの側（イランとP5＋1）にも従来のような交渉のための交渉、あるいは終わりなき交渉はあり得ないとの共通の認識がみられる。ロウハーニ大統領は上記マスコミとのインタビューで、「（核問題の解決は）早ければ早いほど双方の利益であり3か月が我々の望むところ、6か月であればまああである」といっている。一方交渉の実務を担うザリフ外相は、P5＋1との外相会談で1年間という期間に言及している。両者の言及する期間の相違の意味するところは、軍事オプションの行使にかかわる問題でもあり次項で改めて述べる。

交渉の基本的方向付けについては、ニューヨークでのP5＋1との外相会談に同席したアラグチ外務次官がイラン国内のテレビ番組に出演した際詳細に説明している。それによれば、ザリフ外相はP5＋1との外相会談で以下のように提案し同席の外相たちの同意を得たとしている。

交渉は2つのフェーズからなり、第1フェーズでは双方に共通の目標を設定する、すなわち交渉における全体的な枠組みを明らかにし、どちらの方向に向かうのか、終着点はどこかを明確にしなければならない。終着点ではイランが濃縮を含めた平和的な核利用のための開発の権利が認められなければならないし、すべての制裁が解除されなければならない。同時に（イランの核開発に関する国際社会の）筋の通った懸念は払拭されなければならない。

第2フェーズでは、最終的な目的に向けて具体的にとるべき措置を盛り込んだいくつかの段階（ロードマップ）を明確にしなければならない、というものである。

イラン側の交渉に臨む基本的アプローチの仕方は従来と変わっているわけではない。変わったのは、本気でそれを進めようとしている点である。

イラン国内の反応

ニューヨークでの歴史的な出来事（米・イランのハイレベルでの接触とＰ５＋１とイランの本格的な交渉に向けた合意）に対するイラン側の反応はどうであったか。

最高指導者は10月軍士官学校の卒業式で演説し、「政府のイニシアティブ、ニューヨーク訪問を支持する。なぜならば、国民に奉仕する政府を信頼しているからである。しかしニューヨークで起きたいくつかの出来事は適切ではなかった」、と述べて釘をさしつつ今後に期待を表明している。

議会も２３０名の議員（定数２９０名）が国連総会でのロウハーニ大統領の立場に支持を表明し、またラーリジャーニ国会議長も全面的支持を表明した。金曜礼拝導師も、大統領が国連の場においてイラン国民を抑圧する不当な制裁を糾弾したとして、大統領への支持と今後への期待を表明している。

こうした中で、慎重な態度を維持する勢力、あるいは不協和音も見られる。

９月末革命ガードのジャアファリ総司令官は、ロウハーニ大統領が体制と最高指導者の立場に即して行動したと評価しつつも、「最高指導者が述べた〝英雄的柔軟性〟に関して指導者たちが間違った判断を行えば、革命勢力が適切に助言（関与）しよう。ロウハーニ大統領は、オバマの会談要請を断ったように電話会談も断ればよかった」と牽制した。

また、ニューヨークから帰国後の10月、議会の安全保障委員会に非公開・秘密保持を前提に報告を行ったザリフ外相の質疑応答での発言が　保守派の新聞にリークされた。そのために外相は神経症を患い自らのフェースブックで、今後は公開を前提とした発言しかできないと書いて今後の議会との関係に波紋を投げかけた。リークされた話というのは、最高指導者が「適切でなかった」と発言した出来事として、ザリフ外相が「自分がケリー国務長官と長々と話をしたこと、ロウハーニ大統領がオバマ大統領と電話会談をしたことであろう」と述べたと報じられたことである。

いずれも今後、合意された事項の実施においてトラブルが生じたり交渉が行き詰まる際などに吹き出しかねない横やりや雑音を予告するものであろう。

写真２　核問題をめぐるジュネーブでのＰ５＋１との交渉に際して、現地での記者会見に臨むザリフ外相。

（写真：米代表部の Eric Bridiers 氏）

2．核問題に関するジュネーブ合意

（1）交渉の経緯と合意内容

ニューヨークでの合意を踏まえて、２０１３年10月と11月、５週間の間に３度にわたってジュネーブで実施されたイラン核問題をめぐるＰ５＋１とイランの交渉は、最後の最後まで合意ができるのか当事者にも不明の状況であった。

ニューヨークでの外相レベル会談でイラン側の真剣さを実感したＰ５＋１側も、初めてのイランとの本格的な交渉に同じ真剣さで臨んだ。その辺の事情は会議日程によく表れている。３回にわたる交渉はいずれも2日間の日程で開始されたが、2回目と3回目はそれぞれ1日と2日延長されている。特に第1段階の措置が合意された3回目の交渉は4日間にわたり、しかも共同声明（ジュネーブ合意）に署名がなされたのは5日目の未明であった。2回目と3回目の交渉には途中からP5＋1側の全外務大臣も参加している。

2回目の交渉においてはイランのザリフ外相と米国のケリー国務長官の直接交渉が長時間行われ、共同声明のテキストの90％までが合意に達した（ザリフ外相）。合意間近ということでP5＋1の他の外相も急遽参加となったが、結局は最後の瞬間に仏が追加修正提案を行い合意はならなかった。

3回目の交渉では、そうしたP5＋1側の足並みの乱れに嫌気がさしたイラン側の求めで交渉方式を改め、P5＋1側はEUのアシュトン外交上級代表が代表してイランと交渉し、イランは適宜米国やロシアとの2国間協議で調整しつつ粘り強く合意に結びつけた（P5＋1側にはEUが加わっており、実際にはP5＋1＋EUの布陣）。

交渉の中身であるが、ジュネーブ交渉の第1回目ではイランが核疑惑問題の解決に向けた具体的な提案を行い、以降はそれを基に中身の議論と合意文書の詰めを行った。この間、イラン側はザリフ外相が終始参加しアシュトン代表と交渉した他、適宜参加のP5＋1側の外相と個別2国間で調整を行った（第2回目の交渉では、ザリフ外相とP5＋1の外相との全体協議も実施された）。詳細の議論は事務レベルの協議においてフォローされた。

イラン側の提案の骨組みは、最終的に合意された共同声明に明らかであるが3つの柱からなる。すなわち、共通の目的、信頼醸成のための第1段階の実施措置（イランとP5＋1の双方がとるべき措置）、最終解決における要素である（いかなる形でイランの核疑惑問題が解決されるかを示す）。共同声明発出の段階までは交渉の中身を外部に漏らさないとの約束が事前になされ、交渉継続中に具体的中身が洩らされることはなかったが、それでもイラン側は自らのレッドライン[注2]（譲れぬ線）を死守するとして交渉の流れを機会あるごとに説明していたから、大よその方向性は想像可能であった。

3回目の交渉では、前回交渉の最後の段階で仏が追加修正案を出し、しかもファビウス仏外相がその中身をぶち明けたことからイラン側は不快感を隠さず（もっともイラン政府関係者は、仏やファビウス外相を直接名指しで非難することは控えていた）、ファビウス外相外しともいえる交渉の仕方の変更を迫ったことはすでに記した。

共同声明の構成は前書き（共通目的）とイラン側の取るべき措置、P5＋1側がとるべき措置、および最終合意の要素からなりそのポイントは資料2の通りである。基本的立場の異なる両者の妥協の産物であることから、言葉やその並べ方も慎重に考慮されていることがわかる。

資料2　共同声明（ジュネーブ暫定合意）の構成とポイント

（イラン外務省の作成したペルシア語テキストから筆者が翻訳した。項目別アルファベットや番号は筆者が便宜上付したもの）

A　前書き（共通目的）

（i）本合意の目的は、イランの核計画が完全に平和目的であることを保証する長期の包括的解決に至ることである。

（ii）イランはいかなる条件下でも、核兵器の開発を求めるものではないことを宣言する。

(iii)　包括的解決は、今回合意の第１段階の措置を踏まえ引き続き最終段階に至るものであり、その時間的枠組みは別途合意する。
(iv)　包括的解決は、イランが完全に平和目的である核の利用に対する自らの権利を享受できるようにする。
(v)　包括的解決は、具体的な抑制措置や透明化の措置をもってなされるイランの濃縮計画を含む。
(vi)　包括的解決は、相互主義と漸進主義に基づく措置の実施により、安保理決議はじめすべての制裁措置の全面的撤廃をもたらす。
(vii)　第１段階の措置と最終措置（包括的解決）の間に、他の措置、特に安保理における本問題終結のための取り組みが含まれる。
(viii)　Ｐ５＋１とイランは、包括的解決をはかり、また合意措置の実施責任を負う。
(ix)　Ｐ５＋１とイランは、合意措置の実施を監督し、生じうる問題を検討するために共同委員会を設立する。
(x)　共同委員会は、過去と現在の懸念に係る問題解決を容易にするため、検証の責任を担うＩＡＥＡと協力する。

Ｂ　第１段階の措置

第１段階は６か月の期間で、双方の合意により延長できる。

ａ　イラン側は自発的に下記の措置を取る。

(i)　現有の20％濃縮ウランの半分は、テヘランの実験炉の燃料生産用として備蓄する。残りは５％以下の濃度に希釈する。

(ii)　イランは６か月間、５％以上の濃縮ウランの製造は行わない。

(iii)　イランはナタンズ・フォルドの濃縮施設やアラクの重水炉（ＩＡＥＡがＩＲ－４０と呼んでいる）をこれ以上拡大しない。

(iv)　イランは新たな濃縮施設を作らない。

(v)　イランは濃縮ウランの備蓄に関係しない現行のＲ／Ｄ（研究・開発）は継続する。

(vi)　再処理や再処理のための施設建設はしない。

ｂ　査察の強化

（いずれもイラン側がＩＡＥＡと協力して取る措置）

(i)　核関連活動に関する情報提供や説明を拡大する。

(ii)　アラクの原子炉に関するＩＡＥＡの質問に対する回答を行い、その査察のためＩＡＥＡと取り決めを締結する。

(iii)　フォルドとナタンズの濃縮施設へのＩＡＥＡ査察官の出入り（アクセス）を毎日認める。

(iv)　遠心分離器の組み立て工場・ローター生産工場及び保管場所、ウラン鉱山と精錬所への出入り（アクセス）を認める。

c　以上に対してP5＋1は自発的に以下の措置を取る。

(i)　イラン原油購入削減のための努力を中断する。現在のイラン原油購入者はイランからの現在の平均購入量を引き続き購入できる。国外にあるイランの凍結原油売却代金の一定額を解除する。以上の取引に関連する輸送のための保険他のサービスに対するEUと米国の制裁は中断される。

(ii)　EUと米国による以下の制裁を中断する。

石油化学製品と関連サービス

(米による) 自動車産業と関連サービス

(iii)　イランの民生用航空機の飛行安全のため、スペアパーツの提供と据え付け及び関連サービス実施のための許可を発出する。イランにおける航空機の安全に関する検査証明と修理のための許可を発出する。

(iv)　安保理、あるいはEUによる新たな制裁を控える。

(v)　米政府は、大統領と議会の法的権限の枠内で、新たな制裁を行うことを控える。

(vi)　イランの国外での石油収入を活用して、イラン国内の人道的必要を満たすための貿易に便宜を図るための金融チャネルを設ける。右には、食料・農業生産、医薬品・医療機材、国外での医療費支払いを含む。また、国外のイラン人学生の学費支払いも一定額まで含まれる。金融チャネルは制裁対象となっていない外国とイランの銀行を含むが、具体的銀行名は発足時に発表される。

C　包括的解決のための最終段階の要素

P5＋1とイランは、本合意文書（第1段階）の実施が正式に開始（実施細則の詰めが行われた後）された後1年以内に、（包括的解決のための最終段階についての）交渉が合意されて実施されると考える。包括的解決のための最終段階は以下からなる。

(i) 合意された長期の実施（有効）期間を持つ。

(ii) 核拡散防止条約（NPT）とIAEAの査察取り決めにおける締約国の権利と義務を明らかにする。

(iii) 核問題に関連する安保理はじめ多国間的及び各国独自の、すべての制裁が撤廃される。別途合意される計画に基づいて、貿易・技術・金融・エネルギー分野でのアクセスのための措置が取られる。

(iv) 濃縮計画が含まれるが、それは実際の需要に従い、濃縮活動の範囲・レベル・能力・濃縮ウラン製造の場所・備蓄について双方が合意する制限に基づき、また合意された期間において実施される。

(v) アラクの原子炉（重水炉、IAEAによってIR－40と呼ばれる）に関する懸念を完全に払しょくする。再処理やその能力を有する施設の建設はなされない。

(vi)　透明化の措置は、同意される査察強化をもって完全に実施される。（抜き打ち査察を認める）追加議定書は、（イランの）大統領と議会の権限の枠内で承認・実施される。

(vii)　非軍事的な分野での核の国際協力を含む。特に最新の軽水炉や関連の研究、最新の核燃料の提供、Ｒ／Ｄ（研究・開発）などでの協力計画が合意される。

包括的解決のための最終段階が成功裏に実施され最終段階の期間が完全に経過した後は、イランの核計画は核拡散防止条約（ＮＰＴ）加盟の非核保有国と同様の扱いとなる。

Ｄ　その他

最終段階やそれまでの段階では、「すべてが合意されるまでは、いかなる事項の合意もない」との原則に従う（合意全体がパッケージをなすこと）。

最後にいくつかの脚注が付され、そこではナタンズとフォルドの濃縮施設及び建設中のアラクの原子炉（重水炉）において、６か月の間イランは追加的な遠心分離器を設置しない、設置済みでありながら未稼働のものを新たに稼働させない、新規据え付けは稼働中の遠心分離器の同じ機器による据え替えに限る、アラクの実験炉に燃料を注入しない、同サイトに重水を移動しない、残りの主要機材を据えつけない、さらに遠心分離器の製造は故障分の据え替え分に限るなどとされている。

また制裁の解除対象となる関連サービスについて、保険・輸送・金融など制裁緩和の実施に当たって必要になるサービスであり、制裁対象でないイランの企業の提供するサービスも含まれるとしている。
さらに航空機に関する制裁緩和には、（制裁対象の）イラン航空も含まれるとしている。

（2）合意への反応と今後

共同声明なかんずく第1段階の具体的措置合意に対して、イラン側の反応は全体としてよくやったというものである。

ロウハーニ大統領は最高指導者に書簡で結果を報告し、それに対して最高指導者は「称賛と感謝」に値すると返事している。

自らのツイッターで逐一国民に活動を報告してきたザリフ外相も、合意成立後は議会での報告・質疑応答に加えて聖都コムの最高位聖職者たちに報告に及んでいる。国民の民意を汲んだ政権として発足したロウハーニ政権であり、国民を代表する議会と宗教界への気の使いようは際立っている。

交渉の成果としてロウハーニ大統領とザリフ外相は、レッドライン（譲れぬ線）を超えずイラン国民の権利を守った点をことさらに強調している。濃縮の権利を含むイランの核の平和的利用の権利を認めさせたこと、及び制裁の撤廃に向けて展望を開いたことの2点である。

前者に関連して、米国がイランに対し濃縮の権利を認めたわけではないと主張し、イランの理解と異なる点がイラン国内の一部でも問題視された。

合意テキストには、イランの核の平和的利用の権利と濃縮計画は包括的解決（最終段階）で認められると記述されており、あくまで最終的合意の中で、しかも濃縮の権利と具体的中身（資料2のC・iv）についてはその際決められるとされている。したがって、第1段階の合意でイランの濃縮の権利が直接正式に認められたわけではないことは明らかであるが、そこは政治家ロウハーニ師と外交官ザリフ氏のしたたかな戦術により最高指導者はじめ議会・宗教界関係者を巻き込む支援網の構築に成功し、大きなイシューとはならずに済んでいる。

この点を敷衍しておくと、共同声明では前書き（共通目的）の部分、すなわち「包括的解決（最終合意）」に係る前後2つの独立の文章において「イランの核の平和的利用の権利」と「イランの濃縮計画」に言及があり（資料2のA・ivとv）、さらに包括的解決のための最終段階において、濃縮計画は実際の需要に基づいて具体的に定められることになっている。すなわち、「濃縮」の「権利」が直ちに認められたわけではない。しかし、イラン側は「濃縮」を含む「核の平和的利用の権利」については譲れぬ一線（レッドライン）として、核拡散防止条約（NPT）の締約国であるイランの権利であり交渉の余地はないと主張してきており、そうした中で共同声明の中に「濃縮」と「権利」の文言が挿入されたことは、P5＋1側がイランの立場を認めたものと説明している

それにも増して、共同声明に盛られた合意措置の中に、制裁緩和に向けた一歩となる具体的措置が盛り込まれたことが社会全体の雰囲気を改善し、交渉結果を受け入れる環境を整えたともいえよう。コムの高位宗教指導者の一人大アーヤトッラー・アルデビリ師は報告に訪れたザリフ外相に、「国民

のほぼすべてがあなたとあなたの協力者たち（交渉チーム）のために祈っている」と言っている。こうした状況下、反対派の揚げ足取りの動きも大きなうねりにはなりにくい状況になっている。

一方米国では、イスラエルが主張するようにイランの一切の濃縮活動を認めず、地下深くに所在するフォルド濃縮施設やアラクの重水炉建設計画を廃棄させることからははるかに遠い妥協・合意に、議会を中心にして反対の声も強い。ジュネーブでの3回目の交渉に先立ちオバマ大統領が先頭に立って、制裁強化を画策する議会上院関係者たちに延期を働きかけとりあえず成功したが、米国とイランの関係改善を強く懸念するイスラエルやサウジアラビアなどの核問題における妥協への反対・不満は強く、それら諸国や議会とオバマ政権の関係は緊張感を高めたまま推移していこう。

核疑惑問題の最終解決に向けて

核疑惑問題の解決、それを通じた米国はじめ国際社会との関係改善に期待が高まるイランであるが、核問題解決への道のりはザリフ外相自身が認めているようにこれまでにも増して厳しいものである。

今後の課題は大きく分けて2つある。1つは合意した第1段階の諸事項をスムーズに実施することであり、いま1つは最終段階（共同声明のいわゆる包括的解決）に向けての交渉である。

第1段階での合意事項は整理すると3つの範疇に分かれる。

第1はイランが核開発活動を抑制することである。20％濃縮活動を一時停止し、5％以下の濃縮活動については現状の活動規模の拡大や活動内容の強化を図らないことである。次に制裁の部分的緩和に向けた措置、特に国際金融取引、すなわち資金移転に係る制約の一部解除である。最後に、ＩＡＥ

Aによる査察活動の拡大強化がある。

以上の措置をとりあえず半年の期間実施しようというものであるが（双方の合意により延長は可能）、実施に際して現場のトラブル発生も懸念されよう。たとえば、これまで核開発の促進のため現場の最前線で命を賭して頑張ってきた研究者・技術者の研究・活動にブレーキをかけるわけである（実際これまで5人のイラン人研究者などが暗殺されている）。現場において大幅に強化されるIAEAの査察活動に際して査察官との間で、合意文書の中身や査察対象活動の是非などをめぐってトラブルがあって不思議ではなかろう。また、制裁緩和対象措置を実施するための金融等サービスの解除をめぐっても現場では確認作業や試行錯誤が続こう。共同委員会がこうした問題に対処すると規定されているが、どこまで現場での込み入った問題に適時かつ適切に対処できるか懸念なしとせず、共同委員会がうまく機能しなければ現場の不満やトラブルが社会全体の不満（相手側は約束を果たさないとか、制裁緩和の実際の利益が見えないとか）となりかねない。そうした事態はイラン国内の反対派を再び勢いづかせかねないし、また米国における議会等の反対気分を再燃・強化させかねない。相手側が合意事項を実施していないとお互いが判断すれば、合意全体を無効として従前の状態に戻ることが規定されている。

第1段階の合意実施というハードルに加えて、最終合意に向けた交渉も1年内に妥結させることになっており、こちらの方はさらに高いハードルになりかねない。

ジュネーブの共同声明の中の包括的解決の構成要素にあるように、濃縮活動の具体的中身を含めたイランの核の平和利用に関する権利を明確にしなければならないし、[注3]また国際社会の懸念が強いアラクの重水炉（プルトニウムの生産が可能になる）建設や上空からの破壊が困難なフォルドの地下濃縮施設の最終的なステータスも決めなければならない。

また共同声明にあるＩＡＥＡによる抜き打ち査察を認める「追加議定書」への署名には、軍事関連施設への査察とも関連しイラン国内での強い抵抗にも遭遇しかねない。[注4]

さらに、制裁措置の解除と共に貿易・技術・金融・エネルギー分野における相互のアクセスに関してイランと国際社会とが取り決めを結ぶことになっている。そこまでいけば米国との国交回復も視野に入ってくるが、「米国に死を」のスローガンに体現される革命後の米・イラン関係の歴史を彩る怨念や柵《しがらみ》が一挙に噴出しかねない。

以上要するに包括的解決が実現するということは、イラン・イスラーム共和国が文字通り世界の普通の国になる大きな一歩を踏み出すということである。すなわち単に国際交渉で合意して済む話ではなく、体制や社会の構造的な変革、その背景としての指導者・国民の意識の変質をも迫るものである。そうした努力が成功するか否かは、イラン指導者の強い政治的意思とともに、まずはジュネーブで合意された共同声明の合意事項を大過なく実施できるか否かにかかっている。その過程でイランと国際社会相互の信頼が構築され、またイラン国内におけるロウハーニ政権に対する国民や議会・宗教界の信頼が維持強化されていけば、そうした変革や変質の可能性の展望も開けていこう。

ワシントン・ポスト紙は、包括的解決すなわちイランの国際社会復帰に要する時間として、米国政府関係者は15～20年の年月がかかろうとみているのに対して、ジュネーブでの交渉中にザリフ外相はそうした期間として３～５年が必要と言及したと伝えている。

3. シリア問題——軍事的オプションの可能性

2013年の国連総会では、折からシリアにおける化学兵器使用問題が大詰めを迎え大きな議題となった。シリアでは内戦によりすでに10万人以上の犠牲者を出す中で、8月にはダマスカス近郊で化学兵器が使用され1000名以上の犠牲者が出た。西側諸国はアサド政権側が使用したことは間違いないと主張し、これに反対するロシアと激しく対立した。オバマ大統領は化学兵器の使用を米国によるシリア軍事介入へのレッドラインと表明していたから、ここでシリアへの限定的な軍事攻撃の実施を決断した。

第2部で詳しく述べるが、イランにとってシリアのアサド政権は自国の安全保障の要である。シリア（アサド）が落ちれば次はレバノンのヘズボッラーであり、最後に矛先はイランに向かうものと確信している。そこで表裏両方の舞台でシリアへの支援努力を続けてきたが、米国のシリアへの軍事行動が実施されればイランの体制存続にとっても由々しき事態との認識は強い。ロウハーニ政権においてもイランのこうした基本認識に変化は見られない。大統領もザリフ外相も、就任後の最初の外交案件として集中的に取り組んだのがシリアの化学兵器問題であった。

ロウハーニ大統領は、過激主義と法律蹂躙への反対を掲げて登場した。これを対外関係に当てはめれば、軍事力で問題を解決する時代は終了し、国際法に則って話し合いで問題を解決すべきである、ということになる。同大統領は、国連総会での演説で「暴力と過激主義」に対して国連が真剣に取り組むよう提案している。[注5]

シリアへの軍事攻撃を阻止できるか否かは、そうしたロウハーニ政権にとり体制内での鼎の軽重を問われかねない事態に化していた。表舞台でイランは積極的にシリアへの軍事攻撃反対のキャンペーンを張るとともに（大統領や外相による多数のカウンターパートへの働きかけ等）、舞台裏では同じ立場に立つロシアと密接に対応を協議した。米国によるシリアへの軍事攻撃は、ロシアがアサド政権による化学兵器放棄を提案し米国がそれに同意、シリアもそれを受け入れたことで回避されたが、ラブロフ・ロシア外相は後日の記者会見で、シリアに化学兵器を放棄させるとの案はイランが持ち出したものと述べている。

話は前後するが、いったんはシリアへの限定的軍事攻撃を決意したオバマ大統領であるが、英国議会が英国政府によるシリアでの軍事行動禁止の決議を行ったのを見て、米国議会に軍事攻撃決定への同意を求める動きをみせた（自らの決定への躊躇）。それは、同大統領が米国はもはや世界の警察官ではないと発言したのと合わせて、世界特に中東における米国の存在感・信頼感を薄めることになりかねない（米国による軍事的介入の脅威の軽減）。

本書（第2部）では、これまでのイランの対外関係における行動パターンから、イラン体制の存続を覆しかねない米国の軍事的関与の可能性を、イランの核問題解決に不可欠なイラン側の柔軟性を引き出す重要な要素として分析している。そうしたイランとの関係でオバマ大統領の態度はいかなる影響をもたらすであろうか。

オバマ大統領はシリアの例にみられるように軍事行動にはきわめて慎重であるが、イランの核問題に関して軍事オプションの可能性は否定していない。

大統領再選後の2013年3月、オバマ氏は最初の外遊先としてイスラエルを選び、前年の選挙戦を通じてイランの核問題をめぐりギクシャクした両国関係の修復に努めた。その際大統領は、いまだ核問題解決のための交渉の時間は残されているがいつまでもというわけにはいかない、と述べて年末ないし年明けには残されたオプション（軍事攻撃）を真剣に考えざるを得ないことを認めた。

イラン・米両国首脳の強い政治的意思があってジュネーブにおける第1段階の措置が合意され、今後の核問題解決への期待にもつながっていくが、同時にオバマ大統領が軍事的オプションの可能性を引き続き口にしているにもかかわらず米国の軍事的脅威が当面遠のいたことで、イラン側の立場に今後いかなる影響を与えるかは慎重に見守る必要があろう。

そもそも10年以上の経緯の積み重ねがあるイラン核問題をめぐる交渉の複雑さや米・イラン間の根強い相互不信からすれば、交渉の期限としてザリフ外相が指摘するように1年という時間枠の方が現実的と思われる中で、ロウハーニ大統領が短い期限（3〜6か月）を挙げた背景としては、米国とイスラエルの軍事オプション行使に係る上記合意（2013年末か2014年初における軍事オプション実施の可能性）も念頭にあったものと見られる。シリア問題をめぐって改めて明らかになった軍事行動へのオバマ大統領の基本認識や用心深さに加えて、10月のインタビューでオバマ大統領が「我々の評価では、イランが核兵器を開発するには1年以上の時が必要」と述べているのを考えれば、交渉プロセスが本格化した今イランとしてはむしろ1年間は米国の軍事的脅威を心配しないで交渉に集中できると考えているということになろう。

同時に、大統領選挙を通じて示されたイラン国民の変革への願いや新政権によって明らかにされたイラン経済の実態の深刻さを考えれば、イラン側にも待ったなしの感覚が次第に強くなっていることが感じられ、残された半年・１年が核問題解決の勝負時となりそうである。この間ロウハーニ政権経済チームが実績（経済の改善）を示し得るかも、国民の政権への信頼を維持していく上で極めて重要である。

もとより、ジュネーブ共同声明（合意）実施の過程での不首尾とその結果の合意破棄、その先の包括的解決に向けた交渉の不首尾などの場合、いつでも軍事的オプションの実施（今度は米国を主体とするイラン核関連施設への軍事攻撃）が浮上することは必至であり、気の抜けない状況が続いていこう。

【注】

1　ＭＮＡ（核燃料サイクルの活動に関する国際管理化構想）に基づくイランの提案は、ＮＰＴの核保有国、同非保有国及びＮＰＴ非加盟国の参画を得て、核燃料サイクルに係る既存施設（たとえば濃縮や核燃料製造施設）を共同で拡張・利用しながら信頼醸成を図りつつ、ゆくゆくは域内規模で新規の関連施設を建設し、共同で運営管理していこうというもの。

2　イラン側が繰り返し表明しているレッドライン、すなわち譲れぬ一線とは、イラン国民の権利を守ること、すなわち濃縮の権利を含めた核の平和的開発の権利で譲歩することはあり得ないこと、最終的な解決においてはすべての制裁が撤廃されることの２点。

3　核拡散防止条約の第４条に規定される締約国の核の平和的利用の権利には、明示的に濃縮活動が記述されているわけではない。イラン側は核の平和利用のための研究・開発・利用の権利には当然濃縮活動の権利が含まれると解釈している。米国他は濃縮活動の権利を当然に含むとの解釈に異議を唱えている。

4　ジュネーブでP5＋1とイランの交渉が進む中で、2013年11月テヘランでは、IAEA天野事務局長がイラン原子力庁サーレヒ長官と共同声明（〝協力枠組み〟）に署名し、今後の協力強化に向けての道筋をつけた。それによれば、双方は今後3か月ずつ3つの段階に分けて、過去・現在のイランの核問題に関する疑惑を解消していくことで合意した。第1段階の作業に関しては、イランは6つの事項の実施をIAEAに認めた（建設中のアラクの重水炉施設の訪問やバンダル・アッバースのギャチン・ウラン鉱山の訪問などが含まれる）。イランとIAEAは第1段階実施中に次の段階の協力内容を詰めていくことになる。

5　ロウハーニ大統領が国連総会演説で提案した「暴力と過激主義との戦い（WAVE：War Against Violence and Extremism)」に関する提案は、その後国連総会で採択された。

第3章　出だしの勢いは続くか

ロウハーニ政権の登場で、アフマディネジャード政権の特に最後の1年間にイラン社会を覆っていた混乱や対立、さらには全体の閉塞感が緩和の方向に向けて動き出した。国連総会を舞台に融和外交を唱えて華々しく登場し、ジュネーブにおける核問題での交渉でそれを具体的に結実させたことはロウハーニ政権にとって大きな追い風となった。同時に国内でも、経済や社会さらには政治の面で幾多の手を打ち、その具体的成果が表れるには時間がかかるとしても、そうした姿勢を好感しまた改革・改善に向けた兆候も出始めていることから、社会には落ち着きと将来への希望が兆し始めている。

そこで第1部の最後に、ロウハーニ大統領が就任時に報告することを約束した当初100日間の施政結果を見ておく。同大統領はテレビの生放送でのインタビューで以下の諸点を語っているが、前政権から引き継いだ経済状況の酷さについてはすでに記したので、ここでは大統領が報告で取り上げた項目と新たに明らかにした事実を資料3にまとめておく。

資料3　ロウハーニ政権100日の施政評価（カッコ内の項目を示すアルファベットや番号は筆者が付したもの）

A　経済・財政

（i）緊急に政府が実施したことは基礎物資の確保と備蓄である。基礎物資、特に小麦の備蓄状況は極めて深刻であり、ある州のサイロには3日分の小麦しか残されていなかった。

(ⅱ) 政府歳入の不足に対して、予算法を修正し、歳出の減額並びに歳出プライオリティの変更を行った。年初5か月で歳入はその時点での予定の47％しか実現されておらず、イラン暦１３９２年5月末（西暦２０１３年8月）には、公務員給与として75億ドルが必要であったが、国庫には28・7億ドルしかなかった（便宜上1万リアル＝1ドルとして計算、以下同様）。

(ⅲ) インフレの緩和を実現した。イラン暦１３９１年（西暦２０１２／13年）は40％以上のインフレで、マイナス成長であった。流動性を無計画に増加したことでインフレが助長され、前政権発足時に６８０億ドルであった流動性額は8年間で7倍となり、政権終了時には４７００億ドルに増加した。今インフレの昂進は止まった。イラン暦１３９２年当初毎月のインフレ率は前月比2・2％増であったが、最近の2か月は逆に１・2％の減少に転じた。来年はインフレをコントロールする。

(ⅳ) 前政権は最も金持ちの政権であったが、最大の負債を生んだ。すなわち、前政権8年間の石油収入は約６０００億ドル（これはドル表示）もあったが、負債も銀行システムに対し７４０億ドル（以下は1ドル＝1万リアル換算）、社会保障・退職基金に対し６００億ドル、コントラクター等への未払い金５５０億ドルでその総額は２０００億ドル以上に達した。また前政権は多くの約束を実施しなかった。地方閣議で決定した現地プロジェクト実施のための所要経費は２１１０億ドルに達したが、その内実行額は32％にすぎず、イラン暦１３９２年初5か月（前政権時代）に実行された開発支出は予算の３％にすぎない。

(v)　補助金改革に伴う現金給付のあり方を見直している。現金給付に必要な資金月35億ドルの内、エネルギー価格等引き上げによって賄える分はおよそその半分にすぎず、給付方法を抜本的に改善する必要がある。現金給付を必要としない層をどう特定するかいろいろな方法が提案されたが、いずれも個人のプライバシーに関与せざるを得なくなる。個人の銀行預金や所有不動産を調べるとなれば短期的にはともかく、国民の銀行システムへの信頼が揺らぎ国にとってマイナスである。従って見直しは容易ではない。

(vi)　生産・供給の増加を図るために流通や税関における改善、前金の支払い等35の改善策を実施した（基礎物資については第1章3．参照）。医薬品の不足はほぼ解消した。

(vii)　来年度（イラン暦1393年、西暦2014／15年）の政府の重点施策は、補助金改革第2段階の実施とインフレ抑制及び経済の成長回復である。イラン暦1391年の成長率はマイナス5・8%であり、本年度末までにゼロないしプラス0・5%とし、1393年は最低でも3%の成長を実現する。

(viii)　為替の一本化を図るため1392年の予算法では、従来の1ドル1万2000余リアルから2万5000リアルに一本化することが定められていたが実行されなかった。

(ix)　前政権は（核問題に関する安保理の）制裁決議を〝破れ紙〟とうそぶいたが、経済部門の外国依存は却って増加した。前政権発足時のイラン暦1384年の輸入額は380億ドル（ドル表示）であったが、これが1390年には750億ドルに達している。

B　国際関係

(i) 国際関係の改善を進めた。まずは中国から始め続いてロシア、最近では英国と話し合いを実施した。しかし、対立の炎を燃やし続けることを望む連中がいる。

(ii) ジュネーブでの合意は極めて重要かつ前向きのステップであるが、もとより先への道のりは長い。ジュネーブ暫定合意の結果、これから制裁の追加はない、株式市場には人の列ができている。

C　社会・文化・政治

(i) 社会のすべての層が静謐を感じられるようにしなければならない。これまで大学・バザール・スポーツ界・学校で静謐が失われていた。〝市民憲章〟の草案ができた。〝市民憲章〟はイラン人が国内・国外いずれにあっても市民権を享受できるよう保障する。政府は市民の宗教的権利を尊重する。三権の間にも静謐が支配するようになった。

(ii) 文化財は人々の精神の糧である。文化の問題に対して透明性のある法律は必要であるが、政府の介入は最小限としなければならない。たくさんの禁止されていた書物が自由になり、著作を禁止されていた作家も筆を執るようになった。

(iii) 過去において政府は専門家を拒んだが、そうであってはならない。廃止された計画予算庁を復活する。

ロウハーニ大統領の報告は、山積する政策課題への取り組みを説明する中に、自らの想いを率直に吐露したものいえる。「マネージメントと希望」の政府と銘打ち、「公正と中道・中庸」を標榜し発足した政権の出だしはまずまずである。大統領がこれら標語に込めた意味も次第にはっきりしてきたし、これを見守る最高指導者や議会・宗教界のまなざしも優しい、また国民の期待も強い。課題の解決に向けた政権の努力が結実するかもしれない兆候も見られる。

にもかかわらず、大統領自身認めているようにこれまでの措置・成果は改革・改善に向けた第一歩に過ぎない。先には国内経済や社会・政治問題の解決に向けて国民にさらなる苦難と忍耐を強いたり、また反対派を刺激しかねない取り組みも必要となる。加えてジュネーブ合意の実施とさらに先の核問題解決・対米関係の修復という難題が控えている。もたつけばその分国民の期待は不満や反発に転化しかねず、そうなれば反対派が息を吹き返しかねない状況は大統領自身が一番心配しているところであろう。

そこで、次には革命後のイランの政治・経済・対外関係・特に核問題をめぐる動きを、ロウハーニ政権が柵《しがらみ》として背負わなければならないアフマディネジャード政権時代に焦点を当てて整理分析していく。

第2部

イスラーム共和国体制の実像

――政治、経済、外交・安全保障と核疑惑問題

核疑惑問題は、イランの革命体制にとってその存続に直接かかわる問題である。

革命後一貫して続く権力闘争は、革命から４半世紀を経過したアフマディネジャード政権時代（イラン暦1384年～1392年）においても繰り返された。アフマディネジャード大統領の選出にあたってこれを支持したハーメネイ最高指導者と大統領の確執は、任期の終盤ともなると公然化し、大統領の決定に対して最高指導者は介入を繰り返した。

そうした中で核技術の開発は体制の指導者や国民の間に広くコンセンサスが存在する目標であり、この問題に無暗に手を突っ込めば権力争いの大きな火種となりかねなかった。最高指導者は核問題に関しては、あえて自分に決定権があると公言して大統領を牽制した。それは大統領に核問題解決の花を持たせないという意味のみならず、核分野での開発の促進と成果を、国民を鼓舞しまた自らの持論である経済の自立化に向けての大きな梃と考えてきた最高指導者にとって、核問題で大統領に軽軽な妥協をされてはかなわないとの思いも強くあったはずである。また核問題における交渉において大国相手に一歩も引かないという姿勢こそ、最高指導者が繰り返し強調する体制の哲学すなわち独立と誇りを体現するものであること等、イランの核問題をめぐる立場は革命イラン社会に広く深く根ざすものである。

核問題の解決とは、こうした革命後のイラン社会のあり方に直接のインパクトを与えるものであることから、その実情をふまえない安易な解決は永続性を欠くことになりかねないし、また真の解決のためには、イラン社会のあり方さらに革命体制下の指導者や国民の考え方の変質をも迫るものといえる。

以下イラン革命体制の実像に、核問題を切り口として迫っていく。

第1章　政治——すさまじい権力闘争の連続

革命が成就して3分の1世紀、この間新たに誕生したイラン・イスラーム共和国の主導権をめぐって多くの政争が繰り返されてきた。ホメイニ師の指名したバザルガン暫定政府が1年も持たずに崩壊したのは、その最初の顕著な例であるが、体制形成期（ホメイニ師の時代）においては文字通り血で血を洗うがごとき権力闘争も、イラクとの戦争が終結しハーメネイ最高指導者の時代になってからは、体制の枠内における主導権争いが中心になっていく。しかし、争いのすさまじさは変わらずである。

筆者が新任の大使としてテヘラン着任後（2010年秋）、各国の先輩大使に挨拶して回った際、イラン情勢の見方に関して最も印象的な意見を披露したのは、当時のロシア大使であった（その後同大使はいったんロシア外務省を退職した後、核疑惑問題に関するイランとP5＋1〈国連安保理常任理事国5か国と独〉の核交渉におけるロシア代表団顧問に任命される）。同大使の見方はこうである。

革命後30年余、この間イスラーム共和国体制の法的な枠組み整備が進み、また困難な課題に直面し続ける中で現実的な経験も数多く積んだ結果、体制の枠組みや骨格はしっかりでき上がった。ホメイニ師の体制づくりに関する基本的考え方は、イスラーム共和国体制の維持であり、そのためには独裁者を生む余地をなくすることが肝要であるとの点にある。その結果でき上がったシステムは、網の目のごとき相互監視メカニズムであり、体制内の各組織や責任者は互いに牽制し合い身動きできない形になっている。そうした枠組み・構造の中では、多様な理念・利害を有する組織・グループは、網の目を潜るようにして自らの目的実現を図らなければならない。枠組み自体を超えてしまえば、体制全体の反発を覚悟せねばならない。

そこで以下では、1．イランの政治の中心舞台である革命後の大統領選挙を軸とする政治の流れを概観した上で、2．アフマディネジャード政権下の権力闘争、3．大統領の権力と魅力、についてみておきたい。ここでの分析では筆者のイラン在勤中の大統領であるアフマディネジャード氏の統治姿勢に大きな焦点が当てられることになるが、イスラーム共和国体制の性格を理解し今後の見通しを探る上で興味ある材料を提供した大統領である。

1．大統領選挙を中心とする政治の流れ

政治の主流の変化

イランの政治の動きを観察していると、いかに現実とは異なっていても「遵法」すなわち「法律の遵守」という言葉が、指導者たちの間でしきりと飛び交うことに気付かされる。

理由はいろいろ考えられよう。イスラームという宗教は、イスラーム法（シャリーア）を基として社会全体を律法で導いていこうとする宗教であり「遵法」は大義であること、また理念・利害を異にする諸組織・グループの対立を調整するにはいずれにしてもルールを基礎に据える必要があることなどを指摘できるが、そうした背景もあって、体制のあり方の決定や憲法制定のための国民投票から始まって議会選挙や大統領選挙は、革命当初の段階から実施・重視され今日に及んでいる。以下その流れを

写真３　テヘラン市郊外にあるホメイニ師廟　（写真：中村法子撮影）

概略する。

１９７９年３月（革命の成功は同２月）、国民投票による圧倒的多数の賛成で（98・2％）、イスラーム共和国体制が選択され宣言された。続いて、バザルガン暫定政府が在テヘラン米国大使館占拠人質事件を契機として辞職したのを受けて（同年11月）、リベラル色の強かった同政府起草の憲法案が修正された上、「隠れイマーム」[注1]不在中の国の指導権が「宗教法学者」の手に委ねられることを原則とし、その資格を満たすホメイニ師を最高指導者と明記するイラン・イスラーム共和国憲法が、同年12月国民投票にかけられて採択された（99・3％の賛成）。

その後新憲法に基づいて、１９８０年１月第１期大統領選挙が実施されバニ・サドル氏が選出された。また、同年３月と５月に分けて実施された第１期国会議員選挙では、ホメイニ師与党のイスラーム共和党（ＩＲＰ）が圧勝して新しい議会が開会され、ラフサンジャーニ師が議長に選出された。その議会が、初代大統領を弾劾・解任し、その後1981年8月第2代大統領として選出されたラジャーイ氏も、就任後ひと月もたたぬ同月末には首相府爆破事件で殺害された。

ラジャーイ大統領を継いだのが、ハーメネイ現最高指導者であるが（第3・4期大統領）、2期目の任期終了を目前とした1989年6月ホメイニ師が死去し、急遽その後継者に指名された。同時にラフサンジャーニ国会議長が後継大統領（第5期）に選出された。なお、議会・大統領とも任期は4年であるが、初代から3代までの大統領が任期を全うしなかったことから、両者の選挙実施時期に齟齬が生じている。

第3期議会（1988年選挙）では、ホメイニ師死去後同師の過激な革命路線を主張する「急進派」が、議会を舞台にポスト・ホメイニ体制（ハーメネイ師が代表する「保守派」と、ラフサンジャーニ師が代表する「現実派」の同盟）を攻撃した。

以降、イランの政治舞台では信条や利害を異にするいくつかの政治勢力、すなわち「保守派」・「現実派」・「改革派」、あるいは左右両派の「急進派」ないし「過激派」などが攻防・盛衰を繰り広げる。もとより、政党政治が根付かない土壌の中で、これら勢力のはっきりした色分けは困難な場合もあれば勢力間の移動も稀ではない。

第4期議会（1992年選挙）では、「保守派」＋「現実派」の巻き返しが功を奏して、翌1993年の第6期大統領選挙におけるラフサンジャーニ大統領の再選に貢献したが、得票率は62・9％と低調であった（第5期大統領選挙でのラフサンジャーニ師の得票率は90％を超えた）。

「保守派」と「現実派」の亀裂が顕在化した1997年の第7期大統領選挙では、「現実派」から推された「改革派」のハータミ師が、当選確実といわれた「保守派」のナーテグ・ヌーリ師を相手に地滑り的勝利を収めた（得票率68・9％）。ハータミ師の予想外の勝利の流れに乗って、2000年選挙の第6期議会では「改革派」が圧勝したが、次の第7期議会選挙（2004年）では、「保守派」の巻き返しにより「改革派」は惨敗を喫した。

2005年の大統領選挙においては、「保守派」のアフマディネジャード候補がこれもまた予想外の逆転勝利を果たすが、この間における社会の底流での変化を反映するものであろう。

相次ぐ大統領選挙におけるダークホースの候補者の勝利、すなわちハータミ候補の勝利は、その前のラフサンジャーニ政権下での急速な経済発展の結果、社会に自由を求める機運が増したこと、同時に所得格差や経済的不正の横行などに対してその是正を求める声が高まったことの反映である。次のアフマディネジャード候補の勝利も、引き続く経済成長の中で薄れていく社会的規律に危惧を強める保守派の強い危機感がばねとして働くと共に、増大し続ける貧富の差の拡大や経済的不正に対し改革を求める国民の強い声を反映したものである。

これらハータミ・アフマディネジャード両大統領候補の予想外の勝利は、イラン社会の底流における変化を反映するダイナミズムがイラン政治にビルドインされていることを示すものに他なるまい。大統領選挙は社会の空気の変化を反映すると同時に、ラフサンジャーニ大統領以降いずれの大統領も2期続けて務めている点も注目しておきたい。行政府の長としての大統領が有する大きな権力を抜きには考えられまい。

大統領任期は4年間で再選まで可能であるが、1期休んで再度の挑戦も可能である。事実ラフサンジャーニ師は、ハータミ大統領の2期終了後に再び立候補した。予想に反してアフマディネジャード大統領に敗北を喫したが、ラフサンジャーニ師の挑戦自体は、大統領職に備わる権力の大きさを同師が熟知していたことを物語るものであろう。

今後のイラン政治における大きな転換点は、いずれ来る最高指導者の後継問題であろうが、それに関連してホメイニ師からハーメネイ師への最高指導者交代時における選出プロセスと憲法改正問題に触れておきたい。ハーメネイ師をホメイニ師後継に指名したのは、最高指導者の目付け役でありその任免権を握る専門家会議である。しかし、実質的にはホメイニ師子息のアフマッド・ホメイニ師とラフサンジャーニ師を中心とする数名の協議の結果と見られている。70数名もいる機関（専門家会議）で議論して決まるような話ではあるまい。迅速にまとめ混乱を回避するためには強いリーダーシップが不可欠であり、ハーメネイ師選出においてはラフサンジャーニ師がこの役割を果たした。

憲法改正問題

最高指導者後継をめぐる憲法問題というのは、イスラーム共和国憲法が最高指導者の資格としてシーア派宗教界における最高位のステータスを求めていた点にかかわる。憲法には「マルジャア」と明示されており、それは宗教界の位でいえば「大アーヤトッラー」にほかならない。もっとも、7～8人はいるとみられる「大アーヤトッラー」の位の宗教指導者は、いずれも高齢であり複雑な政治状況をリードできるわけではない。

他方、大統領当時のハーメネイ師は宗教指導者としては、「ホッジャトル・イスラーム」の位であり、最高位である「大アーヤトッラー」との間には「アーヤトッラー」の位が控える。最高指導者への昇任にあたって、1つ上の「アーヤトッラー」の位への昇格はできても、一足飛びに「大アーヤトッラー」というわけにはいかない（1つ位を上げるのに、通常は20～30年にわたり宗教・研究活動上の実績を積む必要がある）。そこで慌てて憲法自体の改正が行われ、最高指導者の宗教的資格要件が緩和されるとともに（「マルジャア」という表現を削除）、権限は逆に強化された。最高指導者就任後に実施された１９８９年7月の憲法改正国民投票では、95％の賛成で改正が承認された。同時に実施された第5期大統領選挙では、ラフサンジャーニ師が、憲法改正賛成と同じ程度の高い得票率で選出される。

現実派として知られる同師は、バニ・サドル大統領解任後イラクとの戦争指導を中心に国政をリードしてきたホメイニ師側近ナンバーワンであるが、同師があえてキングメーカーに甘んじ自らは大統領職を選択したのは興味深い現象である。イスラーム共和国体制下の大統領の権力と魅力を誰よりも知悉していたとしか思えない。

次に、イスラーム共和国体制下の権力闘争の在り方・凄まじさを、アフマディネジャード大統領政権下における権力争いがどのように展開されたかを追いながら見ておきたい。

2．アフマディネジャード政権下の権力闘争

(1) アフマディネジャード大統領の再選と騒擾事件

アフマディネジャード政権下の政治的転換点は、2009年6月の第10期大統領選挙（第2期目）及びその後の一連の騒擾事件である。アフマディネジャード大統領自身は、自らの構想実現のために20年の時間枠を念頭に置き、そのため大統領1期目の4年間はその地均し、2期目こそ構想実現の本格段階と考えていたと思われる。歴代の大統領がなしえなかったエネルギー価格の大幅引き上げを伴う補助金改革に、本格的に乗り出したのはその証左であろう。

アフマディネジャード大統領が再選を目指す第10期大統領選挙は、かつては急進派であったムサビ元首相が（1989年の憲法改正で首相職は廃止された）、「改革派」を代表する候補として急速に支持を盛り上げる中で実施された（「改革派」からは他にキャルビ元国会議長も立候補）。

これに対して「保守派」は、内部における対立にいったん蓋を被せて、一致して「保守派」代表としてのアフマディネジャード候補を支援した。異例なことではあるが、ハーメネイ最高指導者も、自分（最高指導者）に（候補者の中で）最も考えが近いのはアフマディネジャード候補であると述べて支持を表明したが、支持した候補が負ければ最高指導者としての鼎の軽重を問われかねない発言であった。最高指導者にそのような発言をさせたのも、「保守派」の危機感の強さがなせる業であったのだろう。

結果はアフマディネジャード氏63％、ムサビ氏34％の得票で、アフマディネジャード氏が決選投

票に縺れ込むことなく勝利した（第1回目の投票で過半数を制する者がいない場合、上位2者で決選投票になる）。テヘランはじめ全国の大都市で「改革派」支持のうねりが起こる中でのこの結果にムサビ候補は強く異議を唱えたが、前回の大統領選挙で500万票を獲得したキャルビ候補の得票が33万票に激減したことも、「改革派」支持者の選挙結果への不信を助長することになった。

開票結果の見直しや選挙のやり直しを求める動きも封じられ、体制側の徹底した取り締まりを前にして、「改革派」支持者の動きは過激化していく（「改革派」は「緑の運動」として知られた）。「改革派」支持者にしてみれば、ハータミ政権下でせっかく実現した社会の自由は何としても守りたい。アフマディネジャード政権の続投による自由化のさらなる後退は、許せないとの立場である。

他方、ラフサンジャーニ・ハータミ両政権の16年間に、イラクとの戦争によって破壊されあるいは中断されたインフラや産業施設の復旧や開発が進み、それに伴って腐敗や所得格差も顕在化した。「保守派」特に宗教界の指導者たちにとっては、ハータミ政権下で進められた社会の自由化の流れは国民の間に道徳的腐敗をもたらすとともに、国民の不満が政府批判を超えて体制批判に転化しかねない危険を強く懸念させるものであった。「改革派」・「保守派」の相互不信は頂点に達する。

（2）ハーメネイ最高指導者とラフサンジャーニ元大統領の立場

大統領選挙後の「改革派」の抗議運動に対して、最高指導者は何度か警告を発している。選挙直後には、「国民は一人ひとり好みも異なり（大統領候補に対して）異なった見解を持つが、最後は（選挙結果が出れば）

一致して協力する。しかし、互いをそそのかして対立を煽ろうとする者がいる。彼らは体制に反対であり、混乱を求め安定を損なおうとする。彼らが少し過激な行動に走ればそれが全体に広がり、過激な行動がさらに過激な行動を生んで、終いには手に負えなくなる。過去にそうした例を見てきた。国民や候補者、またその支持者の思惑を超えた悪意の者たちの狙いがそこにある」と述べたが、過激化しかねない反対運動に対する最高指導者の基本認識がここに表れている。

他方、前回（４年前）の大統領選挙でアフマディネジャード候補に不覚を取ったラフサンジャーニ師は、選挙翌月の７月、ムサビ候補も参加し「改革派」支持者の参加で膨れ上がったテヘラン大学の金曜集団礼拝で導師として演説し、その中で大統領選挙によって生み出された混乱を収拾し事態を改善する具体策として６項目からなる提案を行う。

「改革派」に同情的なこの提案の中には、異なる見解を表明する機会の付与、ラジオ・テレビや一部マスコミの一方に偏った報道の禁止、（民間の）マスコミに対する治安機関による干渉停止、さらには（騒擾事件での）逮捕者の釈放が含まれている。

ラフサンジャーニ師の提案は、単に体制側から無視されただけでなく、以降ラフサンジャーニ師への圧力が急速に強まる契機になる。毎年の犠牲祭におけるテヘランでの金曜集団礼拝導師はラフサンジャーニ師が務める慣わしであったが、その年２００９年11月の犠牲祭では導師から降ろされ（宗教行事はイスラーム太陰暦で実施されるので、西暦では毎年月日が変わる）、以降ラフサンジャーニ師が金曜集団礼拝導師として立つことはなくなった。テヘランの金曜集団礼拝実施本部長は、これが最高指導者の決定であると明言している。また、ラフサンジャーニ師の子供二人（息子メフディと娘ファーイェゼ）が逮捕・拘留されたのも、彼らの「改革派」支持の政治的行動に関連付けられている。

大統領選挙後の騒擾に対する両指導者の対応の違いは、ホメイニ師側近として革命前から同志として働き、革命後はホメイニ師を助けてイスラーム共和国体制の基礎作りに奔走し、またホメイニ師亡き後国政をリードしてきた両者の資質・志向の違いを期せずして浮き彫りにするものであった（両師は、前述の「保守派」と「現実派」の代表）。

もっとも両者が公然と対峙するような事態となれば、イスラーム共和国体制の存亡の危機にもなりかねず、両者ともそうした事態を回避するためにむしろ友好関係を演出する努力すら見られる。

２０１２年８月、テヘランで開催された非同盟首脳会議開会式では、ハーメネイ最高指導者が両脇にラフサンジャーニ師とアフマディネジャード大統領（非同盟会議議長）を従えて会議場正面舞台に登場したり、また記念行事等に指導者たちが揃い踏みする際も、ラフサンジャーニ師は引き続き最高指導者の一番近くに位置している。

しかし、「保守派」のラフサンジャーニ師に対する不信は根強く、その後２つ持っていた公職のうち「専門家会議」議長職は奪われ、「体制公益評議会」[注2]議長の立場を有するのみである。[注3]

騒擾事件に関するハーメネイ最高指導者のその後の発言であるが、

「（ラフサンジャーニ師が導師となったテヘランでの金曜集団礼拝では）イスラーム支持を叫ぶ人たちの前で、ホメイニ師の写真を破り足蹴にするという到底許しえない冒瀆が行われた」

「数は限られるが、イラン国民の間の政治的傾向の違いに付け込み、イラン革命の原則や国の独立に反対する者がいる。その目的は、米国やその他大国に国を売り渡すことであり、こうした者たちには皆で一致して立ち向かわなければならない」と述べている。

特に後者の発言は、12月末の「アーシュラー」（第3代イマーム・ホセインの殉教記念日）の2週間前になされている。

12月には、「改革派」を支持していた「大アーヤトッラー」のモンタゼリ師が死去した。同師は、ホメイニ師存命時代に最高指導者後継者に指名されながら、そのリベラルな政治的立場の故に保守派からは疎まれて、ホメイニ師の逝去直前に同師から後継者の立場を解任されたが、その後も「大アーヤトッラー」として引き続き改革派寄りの発言を続けていた。その死去がアーシュラーの記念日とも重なり、この機会に「改革派」は大統領選挙後の反対運動における実質最後の抵抗を試みる。しかし、これも弾圧される。

すなわち体制側も「アーシュラー」の記念日を利用して、上記の最高指導者の国民に対する呼びかけにより、「改革派」支持の人波を上回る数の人を動員し体制への国民の支持を誇示するとともに、「改革派」を「偽善者（フェトネ）」と呼んで糾弾した。半年にわたって「改革派」支持者を鼓舞してきたムサビ元首相やキャルビ元国会議長は以降自宅軟禁状態に置かれて行動を阻まれるとともに、「改革派」支持のマスコミ関係者や知識人は逮捕されたりあるいは国外逃亡を図る等沈黙を余儀なくされた。

その後、「アラブの春」に便乗した動き、あるいは第9期議会選挙では体制に近い「改革派」の選挙活動もあったが、かつての勢いはない。もとより「改革派」支持者たちの心の中までは抑えることができない以上、「改革派」が大きな政治的ファクターであることに変わりはない。しかし、現実の政治勢力としてはとりあえず舞台後方に押しやられ、代わりに表舞台に登場したのが、共通の敵「改革派」を前に表向き団結を保っていた「保守派」内の主導権争いである。

（3）保守派内の主導権争い

そうした契機となるのが、2011年4月から5月にかけての11日間にわたるアフマディネジャード大統領の自宅引きこもり事件である。モスレヒ情報相が辞意を表明し大統領がこれに合意したのに対して（このような形をとったが、実際は大統領による更迭）、ハーメネイ最高指導者が直ちに関与し情報相に職にとどまるよう指示した。その直後の大統領による職務放棄は、これに対する抗議ととらえられて当然であった。大統領が職場復帰した後のこと、大統領周辺の一人が演説の中で、大統領から直接聞いた話として最高指導者と大統領の会話を披露している。

それによれば、アフマディネジャード大統領が自分（大統領）は辞めてもいいのかと質したのに対して、最高指導者は、「モスレヒ（情報相）を受け入れて（大統領職に）留まるもよし、（受け入れないで大統領職を）去るもよし」といって考える時間を大統領に与えたという。アフマディネジャード大統領再選のために候補段階（すなわち投票前）から同大統領を支持した最高指導者である、そうした経緯からすれば、ここで大統領に辞められてはいわば任命責任が問われかねない。大統領はそれを見透かして辞職を匂わせたのであろうが、最高指導者の考えは揺らがなかった。最高指導者と大統領の間に、何が起こったのか。それを理解するためには、次節で詳説するが大統領の政治手法を見ておく必要がある。

大統領がイランを世界有数の強国に作り上げるのに宗教的な使命を感じていることは、その演説の節々に感じられる。大統領は、その実現のため権力集中によって立場の強化を図ろうと、予算・人事・政策を自らの手に独占しようとした。特に人事については、大統領は権力の維持・強化のための最大の武器として使った。人事異動の頻繁さとそれをめぐる対立は、アフマディネジャード政権下の顕著な現象である。なかでも情報省は国の治安・安全情報を司るのみならず、大統領の政治戦略の要である選挙において候補者資格審査の実質的チェックを行う機関である。ここに自らの影響力が直接及ぶようにするために、「モスレヒ情報相をトップとする情報省の指導部は、政府全体の方針に沿っていない」（アフマディネジャード大統領の発言）として大臣の更迭を図ったわけである。他方最高指導者から見れば、体制の根幹にかかわる治安・選挙分野への行政府（大統領）の勝手な関与は許さないということである。

この事件を契機として、「改革派」の攻勢を前に一見まとまりを保っていた「保守派」内の対立が顕在化する。最高指導者を中心とする「保守派主流」と、「大統領派」とも呼ぶべき「保守派」の急進グループである。「大統領派」は予算・人事・政策を梃に飽くなき権力の拡大を図ろうとしたが、いずれの面でも最高指導者に忠誠を誓う議会と衝突した。予算では、政府原案を全面的に書き替える議会に対して、大統領は繰り返し公然と異議を唱えた。大統領は、「議会が政府の予算原案に数多くの修正を加えるので、議会の承認する予算は、政府の予算編成上の方針や予算の骨格を無視した、政府の考えとは全く異なる予算となる。そんな予算の実施責任は誰が負えるのか」と指摘している。人事では、アフマディネジャード政権下、大統領が任命する新任大臣の議会による否認、議会による大臣の喚問・弾劾の数がイスラーム共和国体制下群を抜いていた。政策面では、議会が採択し憲法擁護評議会が承認した法律の実施を大統領がしばしば拒否したり、逆に議会は政府をコントロールしようと重箱の隅をつつくような法律作りに励む。国会議長が、政府の法律違反・無視を指摘することもしばしばである。

また、政府と司法権との対立も深刻であり、大統領周辺に伸びる司法の裁きに対して、大統領が司法関係者の利権への関わりを暗示して対抗することも珍しくなかった。

以上の権力間の争いに対して、最高指導者は公にまた時には直接に三権の長に対して協調を促し、さらには三権の間の対立を調停する機関としてシャフルディ元司法権長を長とする「三権調整・調停最高評議会」を設けて対応させたが成果をあげていない。かくして「大統領派」による権力集中の試みに対し、「保守派主流」による大統領周辺への反撃は、大統領のモスレヒ情報相解任事件以降激しさを増しかつ顕在化していく。それは最高指導者を支える司法権・宗教界を中心に議会も巻き込んでなされていく（流れを見定めながら革命ガードも合流）。

（4）新たな攻撃目標「逸脱勢力」

「保守派主流」による攻撃目標は次第に大統領自身に向けられていくが、当初集中攻撃に晒されたのは大統領側近中の側近であるマシャイ大統領室長とその辞任後後任となったバガイ大統領室長や政府系マスコミ（イルナー通信と「イラン」紙）に乗り込み反対派への論陣を張ったジャバーンフェクル大統領マスコミ担当顧問他である。前二者は、アフマディネジャード大統領就任後相次いで文化遺産・観光・手工芸庁長官を務めた。以降このポストは大統領側近への登竜門になった。これら大統領周辺の要人が、「保守派主流」の司法権や議会から攻められた直接の口実は職務に係る不正・法律違反であるが、同時に彼らの国造りに関する理念や理想に対して宗教界関係者が抱く懸念や嫌悪が与って大きい。

文化遺産・観光・手工芸庁長官としてマシャイ氏が行った最も目立つ業績は、大英博物館からアケメネス王朝・クロシュ大王による人権宣言書（シリンダー状の粘土板に楔型文字で記された）を借り出してテヘランで展示したことであるが、このほか全国の文化財（歴史的遺産や無形文化財）の整備やそれを目玉とする観光や手工芸産業の振興に尽力したことである。マシャイ氏は在外イラン人支援機構の総裁としても、在外イラン人を祖国に招きその発展振りを直接見聞させることで、イランへの投資や技術導入の突破口にしようとした。その際の豪華な持てなし振りは、そんな予算がどこから出ているのかと議会で物議をかもした。

マシャイ氏のこうした行為は、アフマディネジャード政権第2期の当初段階で同氏がよく口にした「イラン流（マクタベ・イラン＝字義通りにはイラン学派）」という考えに基づくものであるが、上に挙げた具体例でも分かる通りその意味するところはイラン人の民族主義的感情に訴えてそれを政治的に利用しようとするものであるから、「イスラーム主義」と対立しかねない。事実、「保守派主流」特に宗教界関係者からは、これがイスラーム共和国体制、すなわち宗教界の弱体化を狙うものとして強い反発を生んだ。「マシャイは、民主主義や人間主義、また世界の連帯やイランの栄光について語るが、イスラームのことを直接語ることはない」と批判され、またマシャイ一派の狙いは「宗教界を政治の世界から排除することだ」とか、「前回大統領選挙で、3分の1の得票を得た〝改革派〟支持者へのアピールを狙ったものだ」などと陰口された。もっとも、こうした考え方は大統領とても似たり寄ったりである。マシャイ氏が批判の矢面に立たされたのは、氏が大統領と一心同体であり、かつその知恵袋と考えられたからである。大統領とマシャイ氏は親戚関係にあるが（息子・娘が結婚）、大統領のマシャイ氏に対する敬意と信頼は異常なくらいである。後述するが、大統領が同氏を非同盟事務局長に任命した際の任命勅令での同氏への称賛振りは、あたかも神や預言者を称賛するがごとき美辞・麗句の連続であった（ちなみに、大統領がそのような敬意を最高指導者に払うことはない）。大統領周辺の指導者たちが、「逸脱勢力」として動きを封じられいわば両手をもがれる中でも、大統領自身の反対派との闘いはかえって激化していく。2012年初以降、制裁強化の影響で悪化する経済情勢や国民生活の問題も加わって、「保守派主流」と「大統領派」という保守派内の対立は激しさを増していく。

(5) 選挙の意義と保守派内の亀裂

保守派同士の「保守派主流」と「大統領派」の確執が続く中で、2012年3月、第9期議会選挙を機に「保守派主流」内での新たな抗争が顕在化する。議会選挙を前に「保守派主流」内での候補者調整が図られるが、最後まで候補者の統一名簿作りはうまく行かず、大きく2つのグループに分かれて選挙に臨むことになる（「団結戦線」と「持続戦線」）。

もともと国会議員選挙は、地元への利益誘導が有権者の関心の的であり、全国的に見れば大統領選挙程の関心を生むものではない。しかし、イランの核疑惑問題をめぐる国際社会からの制裁圧力が増し、同時にイスラエルによるイラン核関連施設に対する軍事攻撃の可能性が囁かれる中で、ハーメネイ最高指導者が体制支持を誇示する機会として国民に投票を強く呼び掛けたことから、投票率は前回選挙を10％以上も上回った（64％）。最高指導者は選挙後国民の投票参加に満足の意を表明するとともに、「選挙はイスラーム体制の原則に対する投票であり、その結果は体制への完全な信頼を示すものである。また、２００９年の大統領選挙後の騒ぎは、体制への支持喪失を意味するものであると叫んだ連中がいたが、それが間違いであることをはっきり示した」と述べて、国会議員選挙の結果を大統領選挙後の一連の騒擾事件のけじめになるものと位置づけた。

第９期議会選挙自体は全体から見れば「保守派」の圧倒的勝利であったが、選挙後第９期議会の開会を待つことなく、「保守派主流」内で次期議会の主導権争いが顕在化した。保守派のラーリジャーニ国会議長を担ぐグループと、同じく保守派のハッダード・アーデル元国会議長を担ぐグループが争い、前者が国会の議長・副議長をはじめとする執行部の役職を独占した。両氏ともに最高指導者に近い「保守派主流」の政治家であるが、「保守派主流」も一枚岩とは到底言えない実態を暴露した。もっとも、２０１２年６月第９期議会が開会すると、国際社会からの制裁強化により悪化する経済や国民生活の困窮に対する政府の無策を非難する声が噴出し保守派主流内の対立もその陰に隠れた感があるが、「保守派主流」内に根強い対立が存在することはその後の第11期大統領選挙で保守派候補の一本化ができなかったことで再び明らかとなる（改革派はロウハーニ候補支持でまとまり、同候補勝利の原動力になった）。

制裁の強化に伴う国民生活の悪化特に物価高騰を前に、政府の無策をはっきり批判したのは議会のみならず、アフマディネジャード大統領や周辺とそりの合わないコムの宗教界指導者たちであった。ある「大アーヤトッラー」は、自分のところには日に２０００通もの信者からの声が寄せられるが、大方は生活に対する不満や苦痛を伝えるものであると率直に苦言を呈した。ラーリジャーニ国会議長は、現下の最大の経済問題はインフレと失業であるがその原因の80％は政府の経済運営のまずさによる、と言って繰り返し政府批判を行った。ハーメネイ最高指導者も、２０１２年8月「政府週間」に際する会見で、大統領以下閣僚がバラ色の政府実績報告を行うのを聞いた後、最高指導者としては珍しくはっきり具体的に、経済の一番の課題であるインフレ問題解決のカギとなるのは国内にあふれる過剰流動性であると指摘の上その抑制に努めるよう述べている。経済の悪化や国民生活の困難の責任が、すべて政府にあるといった流れができ上りつつあるのを見て、アフマディネジャード大統領もしぶしぶその責任を認め、他の2権、特に議会と協力して対応を進める羽目になった。その過程で、大統領が特に固執していた補助金改革第2段階（エネルギー製品価格の再度の引き上げと国民への現金給付額の大幅増額）の実施は、インフレをさらに助長すると懸念する議会の強い抵抗にあって凍結された。しかし、まさに「会議は踊る」のごとく三権の長がしばしば会合し政府と議会の関係者が協議を重ねながらも、行政府と立法府の対立が緩和されたとは到底言い難く、人事・予算・政策を巡っての対立は相変わらず繰り返された。２０１２年10月、最高指導者は三権の長に警告を発して、「今日から大統領選挙までの間に、（あなた方が）対立を国民の間に持ち込むことがあるならば、それは国に対する反逆である」とまで述べたが、馬耳東風イランの政治舞台においては、主導権の獲得を目指して諸組織・グループがあらゆる機会や問題を材料として果てしない争いを続ける。

3. 大統領の権力と魅力

従来とは統治スタイルを異にするアフマディネジャード政権下の主導権争い（権力闘争）の様相を見てきたが、次に、イスラーム共和国体制下では大統領がいかなる立場にあって何ができるのかを見ておきたい。結論として言えば、大統領という立場には体制の枠組みを超えこれを大きく変化させ得る力、すなわち体制内革命を実現する余地や可能性が与えられているということであり、アフマディネジャード大統領の統治のありようはその可能性と限界を示した。ホメイニ師がイスラーム共和国の体制造りの過程で苦慮した「独裁者を出さない」という大原則を将来にわたって犯しうる体制内の機関としては現実的に見て、経済力を持って国民の支持を動員しうる大統領か、治安維持能力を有する武装勢力としての革命ガードの２つしかないと思われる（革命ガードについては第３部第２章参照）。

そこで次にアフマディネジャード大統領の統治スタイルを見ておくが、その背後にある戦略は明快である。国民中心主義（国民の直接支持を自らの政治基盤とし、国民への直接支援付与を政治信条とする）を基本として、その実現のために権力を政府（すなわち大統領）に集中することの２本柱である。

（１）国民への直接支援と国民からの直接支持

まずはアフマディネジャード大統領の国民に対する見方・接し方である。

２０１２年５月第９期議会選挙に当選した議員との会合で、大統領は革命の現状をこう述べている。「何のための革命であったのか。お互い争って権力を握るために革命をしたのか。あるいは自分や家族の腹を一杯にするために革命をしたのか。国の上層部の人たちの大半は、（貧しい）地方の農村やテヘランの南（半分の地域）の出身でありながら、億万長者になってテヘランの北（半分の高級住宅地）に住むために革命をしたのか。大統領以上の立場はない。大統領は、最高指導者に次ぐ公式の立場である。しかし、ポストや称号は無価値である。我々は、国民の下僕（ノウキャル）であり、それこそがこの世における最高の地位である」

また大統領は、２０１１年10月大統領への侮辱罪で学生が74回のむち打ち刑に処せられた事件に対して、「政界の大物たちが勝手に政府を批判している時、自分（大統領）を批判した罪で学生がむち打ち刑に処せられるのは、いい気がしない」と批判している。

さらに、「自分（大統領）の政権の基本的スローガンは、人民大衆（ツウデハーイェ・マルドム）に依拠することであり、国民の懐（バダネハーイェ・マルドム）に飛び込んで行って広範な関係を築くことである。その一環として、自分（大統領）は毎日直接人々に会うだけでなく、大統領府に送られてくる毎日３万通の手紙から、平均すれば１日３００通の手紙に目を通している」とも語っている（２０１２年８月、学生団体代表たちとの会合）。

郵便はがき

料金受取人払郵便

神田局
承認

6052

差出有効期間
2015年8月
31日まで

切手を貼らずに
お出し下さい。

101-8796

537

【受　取　人】

東京都千代田区外神田6-9-5

株式会社**明石書店** 読者通信係　行

お買い上げ、ありがとうございました。
今後の出版物の参考といたしたく、ご記入、ご投函いただければ幸いに存じます。

ふりがな お名前	年齢	性別

ご住所　〒　　-

TEL　(　　　)　　FAX　(　　　)

メールアドレス	ご職業（または学校名）

＊図書目録のご希望	＊ジャンル別などのご案内（不定期）のご希望
□ある □ない	□ある：ジャンル（　　　　） □ない

書籍のタイトル

◆本書を何でお知りになりましたか？

□新聞・雑誌の広告…掲載紙誌名[　　　　　　　　　　　　　　　　　　　　　]

□書評・紹介記事……掲載紙誌名[　　　　　　　　　　　　　　　　　　　　　]

□店頭で　　　　□知人のすすめ　　　　□弊社からの案内　　　　□弊社ホームページ

□ネット書店［　　　　　　　　　　　　］　□その他[　　　　　　　　　　　　]

◆本書についてのご意見・ご感想

■定　　価　　　□安い（満足）　　□ほどほど　　　□高い（不満）

■カバーデザイン　□良い　　　　　□ふつう　　　　□悪い・ふさわしくない

■内　　容　　　□良い　　　　　□ふつう　　　　□期待はずれ

■その他お気づきの点、ご質問、ご感想など、ご自由にお書き下さい。

◆本書をお買い上げの書店

［　　　　　　　　市・区・町・村　　　　　　　　　書店　　　　　　　　店］

◆今後どのような書籍をお望みですか？

今関心をお持ちのテーマ・人・ジャンル、また翻訳希望の本など、何でもお書き下さい。

◆ご購読紙　(1)朝日　(2)読売　(3)毎日　(4)日経　(5)その他[　　　　　　　　新聞]

◆定期ご購読の雑誌［　　　　　　　　　　　　　　　　　　　　　　　　　］

ご協力ありがとうございました。

ご意見などを弊社ホームページなどでご紹介させていただくことがあります。　□諾　□否

◆ご 注 文 書◆　このハガキで弊社刊行物をご注文いただけます。

□ご指定の書店でお受取り……下欄に書店名と所在地域、わかれば電話番号をご記入下さい。

□代金引換郵便にてお受取り…送料+手数料として300円かかります(表記ご住所宛のみ)。

書名	冊
書名	冊

ご指定の書店・支店名	書店の所在地域　都・道 府・県　市・区 町・村
	書店の電話番号　（　　　　）

この種の大統領の発言はきりがないが、以上の引用からもアフマディネジャード氏が、自らを国民と同じ目線に置き国民の側に立つことを強く意識していることが明らかであろう。こうした態度こそ、大統領再選時の選挙に際して、最高指導者がアフマディネジャード氏は自分（最高指導者）に近いといったことの意味である。大統領は、「自分は普通の家の出、百姓の倅（ライヤットザーデ）である」とも言っている。

なぜここまで国民を意識しなければならないのか、アフマディネジャード大統領にはその必要があった。

アフマディネジャード政権の登場は、革命後の歴史において従来の政権とは相当趣を異にするものであった。

アフマディネジャード氏自身、革命第２世代ともいうべき若い政治家であるとともに、イスラーム共和国体制下大半の期間は宗教関係者が大統領であったのに対して（１９８１年～２００５年にわたるハーメネイ・ラフサンジャーニ・ハータミの３代の大統領）、アフマディネジャード氏は非宗教者である。加えて、イラクとの戦争終了後２代の大統領時代を通じて、国造りや社会の発展、さらには国際社会との関係改善において大きな変化がもたらされていた。アフマディネジャード大統領は、そうした２代にわたる大統領時代の正の遺産を受け継ぐと共に、16年間にわたり積み上げられてきた社会・経済発展の負の部分に取り組まざるを得ない立場にあった。

ラフサンジャーニ大統領の８年間は、文字通り戦後の復旧と復興のために土建国家さながらの建設路線の推進であった。ハータミ政権下の８年間も復興・開発路線が引き継がれ、同時に国内社会の自由化と国際社会との協調促進努力が顕著であった。それらの結果が筆者ですら驚くような全国的な開発・発展となって、イラン社会の表層を抜本的に変えた。同時に深層では、社会の所得・階層格差が拡大し汚職が顕著となる一方で、自由への希求も増す。特にハータミ政権下での社会の自由化政策は、そうした国民の期待を膨らませた。その結果、宗教界を中心とする保守派主流の危機感をかつてないほどに高めた。

こうした流れの中で登場したのが、アフマディネジャード氏である。氏自身は、宗教的で敬虔な人であり、それ故に宗教界を中心とする保守派の支持を得たのであるが、その宗教観は宗教界の正統教学とは相当にニュアンスを異にするものである。宗教関係者であれば、正統教学と異なる宗教観を隠し持つことなど現実的にはあり得ない。先にも述べた通り、シーア派宗教界の階梯を上に登っていくためには、長期間にわたり宗教・研究活動を積み上げていく必要があるからである。独自の宗教観が白日に晒される以前には（第9期大統領時代の4年間）、宗教界にもアフマディネジャード大統領を強く支持する指導者がいた（たとえば、アーヤトッラー・メフバーフ・ヤズディ師）。しかしその宗教観が次第に明らかになるにつれて、宗教界との関係はぎくしゃくしていく。自らの確たる伝統的支持基盤を持たない大統領は、そうした展開（宗教界を中心とする保守派主流との離別）を予想していたかのごとく、農村やテヘラン南部（貧困者が多い）の住民に狙いを定めて、自らの支持基盤強化にひた走る。

保守派に属しながら一匹オオカミ的存在のモタハリ国会議員は、アフマディネジャード大統領の宗教観の違いについて、「アフマディネジャード大統領が2回の大統領選挙に際して、イスラームの基本である〝勧められる行為は率先して行い、禁忌とされる行為は避ける〟との教え（イスラームの規律・

道徳）に対して、また〝イラン流〟について自己の信念や考え方をはっきり表明していたならば、多くの国民は決して彼を支持しなかったであろう」とはっきり指摘している。大統領が、自らの信条や考え方を明確に打ち出して、本格的に走り出すのは第2期に入ってからある。第1期目においては自らの信条や考えを曖昧にしつつひたすら力の涵養に努めたが、宗教界主流とは異なるその宗教観が決して付け焼き刃でないことは、第1期目の大統領選挙活動中に、「女性の髪の毛（が見えたり）やマントウ（女性が身体を隠すために覆う衣服）の長さが、それほど重要な問題なのか」と発言したことでも明らかである。

宗教界主流とは異なる宗教観が、大統領の政治生命が絶たれる導因となっていくが、それは大統領任期の後半のさらに後半期である。そこに至るまでにアフマディネジャード大統領が、2代の先任大統領時代の正と負の遺産を引き継ぎながらその課題を克服するために、国民への直接支援と引き換えに国民からの直接支持を得るとの戦略の下、行政の最高責任者としての立場をフルに生かして実際に何をしたのかを次に見ておく。

（2）戦略実現のためのアプローチ

アフマディネジャード大統領が自らの政治理念・目的を実現するために具体的にどのようなことを行ったのか、前の政権との比較において2点が突出していよう。

大統領が熱意を持って取り組んだ第一は、公平の実現（格差の是正）のために手っとり早く「ばら撒き」を中心とする経済政策を徹底したことであり、2つは政策決定のプロセスとして地方閣議を活用したことである。いずれも国民に密着してその願いに応えることで、引き換えに政権への支持を手にするとのポピュリスト的アプローチである。

アフマディネジャード政権8年間のうち最後の1年半程を除けば、折からの世界的な石油価格高騰でイランの石油収入も未曽有の増加を遂げる。加えて銀行システムを通じる信用創造で財源を捻出し、これら豊富な資金を元手に国民の必要とする住宅、雇用機会、基礎物資や結婚資金、さらには民営化された公企業の株や現金（補助金改革における現金給付）までばら撒いた。この戦術が当初はうまく行ったことは、大統領再選選挙での勝利で示された。しかし、開発事業も進めつつばら撒きも実施する経済運営は、次第にそのマイナス面を顕在化させ（すなわち、インフレの高進や農業・中小企業を中心とする民間経済の不振）、時を同じくして実施された制裁強化のため、大幅な後退を余儀なくされる。

アフマディネジャード政権下の経済政策と実態については次の章に譲るとして、2つ目の地方閣議の開催については、2012年5月イマーム・レザー廟のあるホラーサーン・ラザビ州で大統領就任後100回目となる地方閣議を開催した（全国各州を順に訪問）。これは大統領を先頭に閣僚が手分けして州都や州内の主要な都市さらには村落にまで立入り開発の御用聞きに及んだ上、州関係者も交えた地方での閣議で対策（すなわち具体的プロジェクトの実施）を決定するという、徹底した現場主義の開発方式の中核に位置づけられるものである。その結果、国全体としてみれば整合性を欠いたバラバラな開発になりかねないことは必至である。事実、大統領への批判が高まったイラン暦1391年度（西暦2012年3／4月～）には、地方閣議も一時停止の憂き目に遭っている。

こうした国民・大衆受けを狙った大統領のポピュリスト的政治姿勢は、その政治的スローガンや言動にも反映される。国連総会で、「イスラエルを世界地図から抹殺すべきである」、あるいは「ホロコースト（ユダヤ民族の抹殺）は本当であったのか（疑問であり）、しっかり研究する必要がある」と言って、イスラエルや欧米諸国を怒らせたのはよく知られている。もっとも反イスラエル・反シオニズムというのは体制の基本政策であるから、何も大統領の独断に基づく発言ではない。最高指導者も、たとえば「このイスラームの土地（パレスチナ）は、間違いなくパレスチナ国民の手に戻るであろう。シオニストの偽りの造形物は、地理上の舞台から消されるであろう」と言っている（2012年8月、イラクとの戦争で捕虜になった人たちとの会合）。

国連総会といえば、革命後イランの大統領として米国に赴き総会に出席したのはラジャイ（ただし首相時代）・ハーメネイ・ハータミの各大統領（各々1回ずつ）とアフマディネジャード及びロウハーニ大統領であるがアフマディネジャード大統領は7回出席と群を抜いている。

アフマディネジャード大統領の国連総会への出席や総会での発言、また米国訪問に際しての外国マスコミ等との頻繁な接触は、米国の2代の大統領（ジョージ・ブッシュとオバマ両大統領）に書簡を送り直接の対話を提案したことと合わせて、イラン国民やイスラーム諸国の大衆を意識した同大統領の大向こうを見据えたデモンストレーションの側面が大きい。

また、2005年の大統領選挙活動中に決選投票での相手であるラフサンジャーニ元大統領に対して、家族の名を具体的に挙げてその腐敗体質を批判したのも国民の間に鬱積した不満を代弁したものであろうが、アフマディネジャード大統領得意の大衆受けを狙ったジェスチャーである。革命とその後の体制づくりにおいて大きな貢献を行ったラフサンジャーニ元大統領の金権体質に対しては国民の不満も少なくなく、アフマディネジャード候補の敵対的・煽情的言動に共感する者も少なくなかったはずである。しかし、こうした大衆受けする大向こうを見据えた言動は、内外に敵を作るもとにもなる。

大統領就任以前のアフマディネジャード氏とラフサンジャーニ師の関係は、元々悪いものではなかった。ラフサンジャーニ大統領時代、イラン北西部に位置するホイ州の知事に任命されたアフマディネジャード氏は、ラフサンジャーニ大統領を州に迎えて大歓迎を行っている。しかし、上記の出来事が両者の関係を決定的に悪化させ、特にアフマディネジャード大統領再選後のイラン暦1388年初（西暦2009年3／4月）以降、ラフサンジャーニ師が議長を務める体制公益評議会への大統領の完全な欠席という事態に至る（それ以前も大統領は同評議会会合に2～3回程度しか出席していない）。アフマディネジャード大統領が、体制公益評議会の会合に久々に出席するのは2012年4月であるが、（学生団体代表との会合でアフマディネジャード大統領は、最高指導者の指示があり元大統領が主宰する体制公益評議会に参加したと言っている）、ラフサンジャーニ師はその間の事情について次のように述べている。

「体制公益評議会では、メンバーは三権の長であれ他の者であれ、皆平等に自由に意見を述べ批判しあう。審議を尽くした後は投票に付されるが、1人1票であり議長だから大統領だからと言って1票に変わりはない。（アフマディネジャード氏は）政府の会議であれば、出席者から少し意見を聞いた後で、自分（大統領）の思い通りに決定できる。そうしたことに慣れた結果、皆が平等である体制公益評議会の議事の進め方に不満なのであろう」

大統領の指導スタイルやその欠点を端的に指摘している。大統領の独断的で大衆受けを狙った言動は最後までやまず、ベネズエラのチャベス大統領死去に際しては故大統領を「殉教者」と呼び、挙句の果て２０１３年３月葬儀の場では（テレビカメラの前で）故大統領の夫人と娘を抱きかかえるという、イスラーム世界の常識ではあり得ない振る舞いまで演じた。

（３）大統領と大統領室長の二人三脚

アフマディネジャード大統領は、政治的理念や目的の実現のため、国民の支持を惹きつける努力とともに人事を通じる政府機構の掌握を重視したことはすでに述べた。問題は大統領がそうした人事権を特定個人に委ねて乱用したと考えられたことである。特定個人とはすでに述べた大統領室長のエスファンディヤール・ラヒーム・マシャイである。大統領とは姻戚関係にあるが、大統領の氏への傾倒ぶりは次の事実からも窺えよう。

２０１１年春情報相更迭事件を機に、保守派主流から「逸脱勢力」として徹底的に睨まれたのが氏を中心とする大統領側近グループであり、大統領もマシャイ氏を大統領室長から降ろさざるを得なかった。爾来公の場に姿を現すことのなかった氏を、大統領は頃合いを見計らって反対派からの異論が少ないであろう非同盟諸国会議事務局長ポストに任命した（イランは２０１２年から３年間議長国）。その際の任命書の記述ぶりは、アフマディネジャード大統領のマシャイ氏への異常な傾倒ぶりをはっきり示している（２０１２年12月）。

曰く、「自分（大統領）があなた（マシャイ氏）と知り合い一緒に仕事ができたのは、神の賜りものであり大きな名誉である。あなた（マシャイ氏）は、信仰心厚く、純真にして忍耐強く、清き心と考えの持ち主である。また、あなたは全世界の人々に対して強い愛と強い誓いを懐き、〝隠れイマーム〟に対する深い信仰と理解を有する。すなわち、あなたは唯一神や公正・愛・自由、さらには諸国民の共同運営（による世界の統治）の実現を確信する人であり、価値ある人、管理能力に優れた人、信頼厚き人である」とあり、異常な褒めようである。そのマシャイ氏との二人三脚で、大統領が異常なまでの執念で実現しようとしたのが人事による権力の確立であった。革命第2世代の政治家として、第1世代であるラフサンジャーニ・ハータミ政権下の政治家の排除の動きともいえる。これは2つの方向をたどる。

1つは、中央での経済関係のポストから始まり次第に外交・情報といった分野に及ぶ自前の人事である。これは地方での開発や選挙を司る州知事の人事にも及ぶ。2つは、その結果として大統領を中心とするインナーサークルの出現であり、それからはじき出されたものが増えるにつれて抗争が激化するという構造である。

そこでまず、マシャイという人について簡単に紹介しておく。

筆者もイラン着任直後の2010年末マシャイ氏主催の外交団向け講演会に出席し、氏の話を聞いて大変感心した。講演会のテーマは「グローバリゼーション」であったが、マシャイ氏は出席者との質疑応答も含めておよそ3時間、ほぼ1人で話し続けた。話のポイントは、2つであったと思う。グローバリゼーションは、イスラームの観点からいえば本来望ましいことである。なぜならば神の教えは、世界の人々がお互いを愛し合えということであり、そのためにはお互いを知り合う必要があるが、グローバリゼーションはまさにそうした機会を提供する契機となりうるからである。もっとも、現実に起きているグローバリゼーションは、一部諸国がリードして進められてきたため、彼らの都合いいように行われているから、これを正しく作り直す必要があるというもので、２つのポイントを、手を変え品を変え同じ譬えや表現を繰り返すことなく喋り続けていたのが強く印象に残り、表現力（レトリック）に富んだ人と思った。

反対派のマシャイ氏への批判の中心は、氏のイスラーム理解が宗教界の正統教学から離れて人間を中心とした勝手なイスラーム解釈に堕しているという点にあるが、同時にアフマディネジャード大統領が、１００％以上氏の考えに影響され人事も含めて氏の意のままに行動するのが問題である、との点も強く批判されている。

大統領とマシャイ氏は、まず行政機構における経済関連省庁の掌握に腐心した。行政改革に絡めて経済・インフラ関連省庁の一本化に向けて統廃合を繰り返したほか、[注4]特に石油省の掌握にあたっては閣僚候補の承認権を有する議会との対立や石油省内の抵抗にあって苦闘する中で、６年間に７人の石油大臣・大臣代理の任命を繰り返し、最後には革命ガード建設本部の司令官を石油相に任命するという妥協劇も演じている。国内最大の機関投資家である社会保険（基金）庁総裁をめぐる、大統領と議会との長期にわたる争いは泥仕合というにふさわしい（大統領任期中、８人の総裁が交代）。

経済権益に係る省庁の掌握に加えて、外交や情報・治安分野での同様の努力も進められたが、モッタキ外相の異常な更迭劇[注5]やモスレヒ情報相の辞任劇の他にも、第２期目の大統領選挙実施１年前に、選挙を主管する内務大臣を交代させている。アフマディネジャード政権下の州知事（内務大臣による任命）の交代も頻繁である。地元の宗教界関係者等の反対にあって交代人事が頓挫することもしばしばであるが、それでも大統領任期中の州知事の交代は60人に及ぶ（州の数は31）。北ホラーサーン州は、旧ホラーサーン州が3州に分割されてできた新しい州であるが、新設後の８年間に６人の知事が交代している。

自らの息のかかった人物の登用を進める一方で、政権の方針に従わない者への処罰は容赦ない。大統領がマシャイ氏を第一副大統領に任命した際（ただし、最高指導者の反対で撤回）、最高指導者の意向を挺して10人の閣僚が、副大統領（マシャイ氏）の主宰する閣議第２部への出席をボイコットする事態が生じた。閣僚10人はその後、いずれも更迭された。[注6]

革命後唯一の女性閣僚であるダストジェルディ保健・医療・医学教育相の更迭は、同相が大統領の政敵であるラーリジャーニ兄弟（国会議長や司法権長）の一人であるテヘラン医科大学長を更迭しなかったからといわれるが、[注7]第２期大統領の任期をわずかに残す段階での更迭措置に対し最高指導者も必要ないこととして苦言を呈している。他方、大統領の力が情報・司法・国防・軍需分野にまで及ばないことは、その人事のあり方からも見て取れる（司法相や国防・軍需相には一切手を付けていない）。

こうした人事政策は、大統領への権力集中により政権の求心力が高まることが期待される一方で（政権の理念が鮮明となる）、多くの政治家や官僚を反対派に押しやることにもなる。その過程で次第に明らかになる大統領とマシャイ氏の宗教界主流とは異なるイスラーム解釈をめぐって、宗教界の大統領派への不信は増幅する。大統領の宗教界における師匠と言われたアーヤトッラー・メフバーフ・ヤズディ師が、[注8]「逸脱勢力」への批判の高まりの中で、大統領から距離を置き始めたのはその象徴的出来事である。同師を精神的指導者と仰ぐ政治家のグループには、嘗てアフマディネジャード政権の閣僚を務めながら更迭された者が多く集まっている。

（4）大統領権力の背景

アフマディネジャード大統領とマシャイ氏のコンビは、独自の宗教観に基づきポピュリスト的手法を以って自らの政治的理想・理念を実現しようと試みた。それは、革命後のイランの政治に新しい流れを作りだす可能性を秘めるものであった。しかし、若い世代の指導者による荒削りの施政の結果は内外における政治・経済・外交関係の混乱を増幅するだけであり、志半ばにしての任期終了となった。ロシアの「プーチン・メドヴェージェフ・モデル」を真似て、アフマディネジャード政権２期・８年の後マシャイ氏が大統領に立ち（アフマディネジャード氏は、その第一副大統領になる）、その後さらにアフマディネジャード氏が大統領に復権するとの構想が真剣に練られた節も見られるが、アフメディネジャード政権第２期の後半には、もはやそうした勢いは尻すぼみになっていた。[注9]

もっとも、イラン・イスラーム共和国体制における政治という観点からいえば、アフマディネジャード大統領が明らかにした諸々の可能性は今後のイラン政治を占うに当たって認識しておく必要があろう。すなわち、イスラーム共和国体制における大統領の置かれた立場とその持つ大きな可能性である。大統領ポストの持つ権力と魅力と言い換えてもよい。

革命後のイランにおいては、体制の目標・スローガンに反して経済の石油依存体質は変わらず、また民間経済の発展もままならない中で、石油収入を独占する政府の役割と権限は絶大である。[注10] 政府（政府機関のみならず政府系企業や疑似政府企業も含めて）は、依然断トツの資金供給者であり（予算や外貨）、事業者（開発プロジェクト等の実施）であり、雇用主でもある（中央・地方のトップの責任者のみならず、中央・地方の公務員や関連企業の従業員も含む）。政府依存体質は、制裁の強化によって却って高まっている。

そうした経済・社会構造にあっては、行政府の長として大統領の発揮できる力は大きい。予算・人事・政府機構を掌握し、それらを動員して国民の支持を手中に収めつつ、それを梃に自らの理念・目的を実現する可能性は、体制内の他の機関と比較して遥かに大きいことをアフマディネジャード大統領ははっきり認識していた。実際それを行動で示した結果は体制の根幹を脅かしかねないものとして、体制保守派主流の大きな反動を招いて挫折することになる。イランの革命体制に内在するそうした政治のダイナミズムを、アフマディネジャード政権ははっきりした形で示したものといえよう。

【注】

1　「隠れイマーム」については、第3部第3章2.（2）「宗教――シーア派イスラーム」参照。

2　体制公益評議会は、体制の重要課題に関して最高指導者の諮問に答えたり、自ら最高指導者に意見具申する役割を有する。最近では、〝抵抗経済〟のあり方について意見具申している。

3　ラフサンジャーニ氏の事務所は、大統領官邸の向かい側に位置する旧大理石宮殿であり、体制の重鎮としての待遇は与えられている。また、筆者が同事務所を訪れ離任の挨拶を行った際も、師の現実認識に関する鋭さは相変わらずであった。

4　省庁の統廃合としては、商業省と鉱工業省の統合、道路省と都市建設省の統合にさらに通信情報技術省の併合を目指したが通信情報技術省の併合は実現せず。そのほか協同組合省と社会福祉省の統合など。

5　モッタキ外相は、セネガル外遊中に更迭され、会談相手であるセネガルの大統領からその旨知らされた。

6　たとえば、エジェイ情報相もその一人であるが、その後大統領の力の及ばない司法権下の最高検察庁長官兼司法権スポークスマンに就任。

7　ダストジェルディ保健・医療・医学教育相は、医薬品輸入のための外貨割り当ての不足に抗議して辞任したともいわれる。

8　アーヤトッラー・メフバーフ・ヤズディ師は、専門家会議議員で、保守派主流の中の「持続戦線」といわれる強硬派国会議員グループの精神的指導者と目される。

9　マシャイ氏は、第11期大統領選挙に際して立候補届を出したものの資格認定を受けられなかった。アフマディネジャード大統領は、それに対して有効な反撃ができなかった。

10　２０１２年初以降の経済制裁強化の中で石油依存軽減・民間経済の活性化が再び強調されるが、それまでは財政の石油収入依存率は増加傾向にあったし、政府系企業の民営化は進んだものの経営の実態は疑似政府企業というにふさわしく、民間企業に期待される効率や創意には乏しい。

第2章　経済――大きな困難と巨大な潜在力

経済において政府部門が大きな役割・存在感を有する社会において、しかも治安や安全保障、司法など他の分野に比べて最高指導者の役割が極めて限られる経済分野こそ、大統領が最も自由に権限を行使できる領域である。そこで、1．アフマディネジャード大統領は自らの政治的理念や目的達成のためにいかなる経済政策（ばら撒き）を実施したのか、2．欧米諸国による制裁強化は、イラン経済にいかなる影響を与えたのか、3．経済制裁強化に対する政権の対応はいかなるものであったか、を整理する中でイラン経済の底力と限界を見ておきたい。

イラン経済の分析に先立って、制裁強化前のイラン経済の全体像を示しておく。現地紙がキャリーした米国ＣＩＡの数字であり、表1の通りである（２０１１年の実績）。

1．アフマディネジャード政権の経済政策と現実

経済政策実施の前提となる財源については、アフマディネジャード政権は極めて恵まれていた。まずその点から見ていこう。

（1）巨大な財源——石油収入と銀行の信用創造

アフマディネジャード政権は、前政権時代に拡大した所得・社会格差の是正、すなわち公正の実現を最大の公約として登場した。そうした経緯に鑑みれば、貧困者等弱者支援に全力を注いだのは当然の成り行きであるが、問題は財源である。その点、同政権は恵まれた環境にあった。

表１　イラン経済の主要指標（西暦 2011 年の実績）

経済成長率（対前年比）	2009 年	3.5％増
	2010 年	3.2％増
	2011 年（推定）	2.5％増
国民総生産（GDP）	購買力平価ベース（PPP）で 9289 億ドル 公式為替レート・ベースで 4803 億ドル	
一人当たり GDP	12200 ドル （2010 年比 100 ドル増、2009 年は 11900 ドル）	
労働力	2637 万人 （うちサービス部門：45％、工業部門：31％、農業部門：25％）	
インフレ率（対前年比）	22・5％ （2010 年は 12.4％）	
貿易額	2070 億ドル以上 （輸出 1310 億ドル、内 80％が石油・ガス関連、輸入 760 億ドル）	
外貨保有高（2011 年末）	1100 億ドル台	
対外債務	179 億ドル	

アフマディネジャード政権誕生時の内外の経済環境は、悪いものではなかった。むしろ国際石油価格の高騰で巨額な石油収入がもたらされ、バブル経済の様相を呈していく時期であった。１９０８年、イラン南西部のマスジェド・ソレイマンにおいて商業ベースで生産可能な油田が発見されてから１世紀余り、この間のイランの石油収入は総計で１兆ドルを超えるが、そのうち半分強がアフマディネジャード政権の

写真4　テヘラン市内の光景　（写真：中村法子撮影）

7年間弱（制裁が強化される前）の間にもたらされている。もとより、イラン国営石油会社（NIOC）の内部留保分（14・5％）、及び国家開発基金への預託（20％からスタートして毎年少しずつ引き上げる）も必要であるから、石油による外貨収入がすべて政府の手に渡るわけではないものの、石油収入のうちおよそ3分の2が政府歳入に直接貢献するわけであるし、それはまた政府歳入の4割以上を占める。

巨大な石油収入による歳入に加えて、アフマディネジャード政権が考え出した打ち出の小槌が、銀行信用の創出である。すなわち、銀行の預金額を大幅に超える銀行貸し付けの実行である。たとえば、ピーク時では銀行システム全体への預金額100に対して、116の貸付がなされている。イランでも、銀行は預金の一定割合を中央銀行に預託する必要があるから、その率も勘案すれば大変な貸し付け超過である。過剰貸し付けに対する銀行への罰則制度も設けられているが、本格的に実行される兆しはない。銀行システムを通じた拡張的信用創造を実行するに当たって、政府は銀行頭取人事への介入も辞さず（アフマディネジャード政権下の銀行の頭取交代は頻繁であった）、また中央銀行の独立性も意に介さなかった（銀行制度の健全性に危機感を表明した中央銀行総裁は、首を挿げ替えられた）。「目的は手段を選ばず」を地で行った。

豊富な財源をバックとしてアフマディネジャード政権は、前政権と同様に開発促進のためのインフラ整備を続けると同時に、国民に対する直接支援プログラムを広範かつ大規模に実施できた。その際多用されたのが、銀行を通じる低利融資であった（政府・中央銀行が利子補填）。

インフレ体質の経済にあって低利融資の魅力は歴然である（大統領は２０１２年９月のテレビ番組で、インフレが高進する中で銀行利子も引き上げるべきであるとの議論に対して、断固反対を表明している。そうなれば国民への支援プログラムの貸し付け金利も引き上げざるを得なくなるからである）。年率20％台のインフレが続く中で（イラン暦１３９１年末〈西暦２０１３年２／３月〉には30％台に乗せた）、結局銀行利子は20％（預入期間で異なるが）に引き上げられたが、民間企業の借り入れとなるとそれをはるかに超える利子が要求される中で、政府の支援プログラムの枠組みでの借り入れとなれば金利は４％であり（銀行預金利子の引き上げ後も据え置かれた）、インフレを勘案すれば大変なマイナス金利である。しかも、住宅支援プログラムを利用し住宅を購入すれば、その名目的資産価値は確実に上昇する。

具体的支援プログラムは次の（２）項で紹介するとして、政府が実施する格差是正を目的とする諸プログラムが目的に沿って正しく実施されていれば、貧困者にとってメリットは大きかったはずである。しかし、現実には大小の不正・腐敗がはびこり、所期の成果を収めていないばかりか事業計画自体の実施の遅れも目立つ。こうした高インフレ・いびつな金利体系の経済状況の下では、政府支援プログラムにおける貸し出しを別にしても、銀行借り入れを容易にできる立場にある者の中には（すなわち体制や政権の中枢にある者や、それに連なる関係者）、その立場を利用して蓄財に努める者が出てきたり、あるいは融資獲得のために政府や銀行の関係者への働きかけが頻繁に行われ、贈収賄の横行や大型化につながる（イラン暦1388年のイラン保険会社汚職事件や、1390年のいわゆる30億ドル不正融資・汚職事件など）。その結果、大統領が繰り返し批判するようにかつてはいずれも貧しかった現在の指導者たちの中から、革命の指導者にあるまじき金の亡者が多数生まれてくる。棚から牡丹餅といった巨大な石油収入と銀行システムを用いた巨額な信用創造とを通じてアフマディネジャード大統領が狙ったことは、開発の促進による成長と社会に顕在化した格差の是正、すなわち貧困者等社会的弱者への支援を同時に進めることであったが、結果としてはいずれも頓挫する。

（2）格差是正のための諸計画――ばら撒き政策

いわゆる「ばら撒き政策」として批判される諸計画のうち代表的なものとしては、メフル住宅計画（メフルは太陽・愛情の意味）、短期立ち上げ小企業育成・支援計画、結婚資金援助計画、公正株付与、それに補助金改革計画などが挙げられる。

メフル住宅計画は、国民全員に持家を与えようとするものである。農村地域においてはすでにホメイニ師支援委員会が昔から住宅支援計画を実施してきているから、こちらは主に都市部の住宅が対象である。メフル住宅を中心とする持ち家支援計画は、主管である道路都市建設相ほか関係者の説明を纏めると以下のようである。

人口２万５０００人以上の都市で実施されるメフル住宅計画では１１８万戸の住宅建設が予定されているが、イラン暦１３９１年末（西暦２０１３年２／３月）の時点では、65万戸の住宅が完成し引き渡しが行われている。このほか、人口２万５０００以下の都市における住宅建設予定数は38万戸である。メフル住宅建設用地は、原則政府が提供するので購入者の負担はゼロであるが（99年間の無料貸与）、そうした用地が限られるテヘラン市周辺部では特別住宅計画（郊外の衛星都市建設）が実施されており（合計42万戸）、ここでは購入者が土地代の一部も負担する。以上メフル住宅計画を中心に住宅支援計画全体を合計すると１９８万戸になる（これ以外に、老朽住宅20万戸の建て替え支援もある）。

メフル住宅の譲渡価格は市場価格より30～50％くらい安く、同じく特別住宅は25％ほど安い。任期終了間近になってアフマディネジャード大統領は、全国のメフル住宅開所式にしばしば足を運んでいるからそれなりに工事は進んでいるのであろうが、テヘラン郊外などでは、（集合）住宅が完成しても水・電気・ガスなどのインフラが整備されていない、仕事場や学校への足（鉄道・地下鉄・バス）がないなど生活に死活的なインフラの整備が遅れており、プログラムの実施が大都市特にテヘランの住宅事情を大きく改善したとは言えない。もっとも全国の都市部における不動産・住宅費の高騰ぶりを考えれば、いずれアフマディネジャード政権の遺産として記憶される日も来るであろう。

「短期立ち上げ小企業育成・支援計画」（以下、小企業育成計画）とは、国民にとって住宅問題と並んで大きな課題である雇用機会の創出と生産増加の一石二鳥を狙うものである。小・零細企業家や独立事業者を対象に、事業を立ち上げ拡大するため低利融資を以って支援するものである。狙いはともかく、アフマディネジャード政権第1期目の4年間の実施結果は惨憺たるものであり、第4次開発計画の実施報告においては貸付資金の60%が逸脱して使用されたと評価されている。中央銀行ほかの報告でも、貸付られた低利資金の多くが他の分野、特に不動産分野に流用されたことが指摘されており、巨額資金を投じて鳴り物入りで実施された割には、マクロ的インパクトはもちろん個別的な具体的成果にも乏しい。この間、浪費の大きい小企業育成計画の停止ないし縮小を求めるモザヘリ中央銀行総裁と、このプログラム実施を主管したジャハロミ労働社会相が激しく対立し、モザヘリ総裁は自分（総裁）を選ぶか大臣（労働社会相）を選ぶかと大統領に迫った挙句（すなわち計画を継続するか停止するか）、結果として自身（モザヘリ総裁）が更迭された（中央銀行は、その後しばらくの間支援資金の支払いを迅速化するなど計画の継続実施を支援した）。

アフマディネジャード政権の二大看板であるメフル住宅計画と小企業育成計画に投じられた資金の規模を見ておくと（アフマディネジャード政権は、両計画を政権の発足2～3か月後に開始）、小企業育成計画では当初5か年で250億ドル分（1ドル＝1万リアルの換算、以下同様）の貸付がなされた。貸付のピークであるイラン暦1386年（西暦2007年3／4月～）には、銀行の対預金貸出比率が116%に達した。モザヘリ中銀総裁が貸し出しを厳しくしようとして却って更迭され、また大半の銀行の頭取の首のすげ替えもこの時に行われた。銀行の貸し出しは、その後さらに2年間続き50億ドル分が加えられた。「小企業育成計画」が失敗であったことは、その後計画自体が雲散霧消したことでも明らかである。その後の政府による雇用創出支援は、政府機関や関連事業への雇用や農業大学出身者による農業分野での起業支援などに移行した。

他方、メフル住宅計画への銀行貸付けは当初の5年間で680億ドルであり、小企業育成計画と合わせて1000億ドル近い貸付が低利で実行されたことになる。これはイラン暦1389年（西暦2010年3／4月～）における全流動性（2900億ドル）のおよそ3分の1に相当する。

アフマディネジャード政権の「ばら撒き政策」にはこのほかにもいろいろある。その一つは公正株の付与である。民営化された国営企業の株を国民に分け与えるものであり（特定の国民層を対象とし、全国民の約6割）、4000万の国民が裨益しそのうちのいくつかの階層に属する者には何度か配当もなされている（退職者や教育関係者、農民・遊牧民、ホメイニ師支援委員会や福祉庁の支援対象者など）。しかし、当面は株の譲渡は認められていないので、公正株を受けた国民にとって経済的意味はあまり大きくない。

結婚資金援助は以前から行われていたが、アフマディネジャード政権下支援額が大幅に引き上げられた。結婚適齢期の2100万の男女のうち半分が独身である状況の中での、いわば結婚の勧めである（2013年1月登記庁関係者の発言によれば、男20～34歳、女15～29歳の結婚適齢者のうち、男46％、女48％が未婚である）。新家庭立ち上げのための資金を低利で貸付けるものであるが、若者にとって住宅や仕事の確保が困難であるのに加えて「メフリエ」[注1]と呼ばれる結婚契約金が高騰しているといった事情のために効果のほどは限られる。

国民への低利貸付けに加えて直接の現金供与も行われた。補助金改革における現金給付である。

（3）補助金改革と現金給付

IMFも評価した補助金改革

2010年12月に開始された補助金改革は、タダ同然のエネルギー製品価格を実勢価格に近付ける（価格の引き上げ）代わりに、国民には現金を給付してショックを和らげようというものである。IMFも、「産油国でのエネルギー価格改革の先駆け」として高く評価した。歴代政権が実施を策して果たしえなかった政策であり（ラフサンジャーニ政権は、法案を国会に提出したが拒否された）、政策の実施自体は早晩不可避であった（ガソリンの需要は国内生産で賄いきれずガソリンの消費も輸入も増加傾向であったし、電力需要の伸びは革命後毎年平均8％に達していた）。

補助金改革の実施に当たっては、一挙に削減実施を主張する政府側と漸進的実施（毎年20％ずつ5年間でゼロにする）を主張する議会とが対立し、結局5年間かけて3回に分けて実施されることになった。第1段階では、エネルギー製品価格が2・5～5倍以上に引き上げられる一方、7400万の国民1人1人に現金45万5000リアルが供与され、家族の分と共に家長の銀行口座に振り込まれることになった。注2

この結果、合計でおよそ770億ドルと見込まれる補助金の半分が削減されることになった（2007／08年、世界銀行の推定）。浮いた補助金を原資に、そのうちの50％を国民への現金給付に充て、残りの30％及び20％をそれぞれ生産部門（製造業と農業）への補助と政府部門に回すことで、経済全体のコスト削減を図るよう企図された。特に生産部門への補助金は、製造業や農業の関係者がネルギー価格上昇分を吸収するための省エネ投資に充てることが期待された。

補助金改革は、最初の１年間はそれなりの成果を収めた。注3

もっとも実際には、補助金削減分のすべてが国民への現金給付に充てられた。しかもそれでも足りずに、政府は予算の他の項目からの流用や中央銀行借り入れで対応したと批判されている。たとえば、２０１２年５月改革派系の経済専門家は、改革実施１年目で政府は２２０～２５０億ドルの補助金を節約したが、国民への現金給付は４１０億ドルに達したと分析している。すなわち、生産力の強化にはほとんど補助が回らず、結果として市場には流動性がさらに溢れるのみならず、生産部門のコスト上昇と企業者の生産意欲減退を招いた（企業は、エネルギーコストの上昇分をそのまま価格に転嫁することを認められなかった）。インフレの加速と生産の減少が悪循環となりイラン経済を蝕む。国民の購買力も急速に減少した（たとえば、改革実施2年目のイラン新年を前に、ラヒミ第一副大統領は給付現金の価値が半減したと述べている）。もとより、政府が手をこまねいていたわけではない。しかし、インフレの緩和のためにアフマディネジャード政権が頼ったのが輸入政策であったことから、輸入品の流入で国内生産者はさらなる窮地に追い込まれる。

輸入政策

ここで、アフマディネジャード政権のインフレ対策としての輸入政策に触れておく。

従来のイランの主要輸入項目は原材料・中間財・資本財などであったが、アフマディネジャード政権は、供給増加によりインフレ抑制を図るために食糧・農産品や日用品の類の輸入に広く門戸を開いた。その結果、インフレ抑制効果の反面、中国やトルコから工業製品が大量に流入し、また国内の不足分を超える農業産品の輸入がなされて、民間製造業や農業など国内の生産基盤を侵食していく。「インフレと生産不振の罠（トラップ）」に陥ったのである。

アフマディネジャード政権の輸入政策には、別の問題も内在していた。インフレ抑制のための輸入増加が効果を上げるためには為替レートを安定させておく必要があるが、実際そのような為替政策を実施した結果、新たに深刻な問題がもたらされる。

第4次及び第5次5か年開発計画期間中の為替政策は「管理された変動相場制」として、中央銀行が介入して為替レートを一定水準に保つ制度であるが、イラン暦1389年央（西暦2010年秋）まではそれでうまくいった。その後、イランの国際金融取引を対象とする制裁強化の流れに加えて（インフレ高進下での）資産価値の維持や投機の対象として外貨需要が増す中で、中央銀行が手持ち外貨の不足から十分な介入ができず、2011年秋口から政府の公式レートと自由市場のレートとの間に格差が広がる。2012年1月には、中央銀行が1ドル1万2260リアルを基本レート（以下政府レート）として定め外貨レートの一本化に努めたが、間もなく破綻をきたす。

以上のように、石油収入の大幅増加と拡張的な信用創造を梃に開発もばら撒きも同時に追求する政策が、イラン経済を「インフレと生産不振の罠」に陥れようとしていた時、西側諸国によるイラン制裁が強化されイラン経済の構造的問題が急速に顕在化することとなる。革命以来常に制裁を受けてきたイランであるが従来例を見ない事態であり、最高指導者も仕掛けられた経済戦争であると言った。またガザンファリ鉱工商業相は、いずれ石油収入ゼロの事態に備えるべきと発言し危機感を露わにした。

2．制裁強化のイラン経済への影響

２０１２年初来の西側諸国による追加的制裁措置（制裁強化）は、イラン経済の根幹を狙い撃ちしたものである。それまでの核やミサイルに関連する資機材や、その製造・輸送にかかわる活動や組織・企業・人物を制裁の対象にする段階からはるかに踏み込んで、石油の輸入禁止や石油輸送関連の保険付与の禁止（ＥＵ）、及びイラン中央銀行への金融制裁拡大と国際金融システム（ドルを介する）からのイラン排除（米）を中心とするものであり、特に後者の米国による措置は世界各国の金融機関も巻き込むものであることから、その影響は従来の制裁をはるかに超えるものとなった。

そこで本節ではまず、アフマディネジャード政権下における石油収入の推移特に制裁の石油生産や収入への影響と、石油収入と並んで同政権のばら撒き政策を支えた信用創造の動きを見た上で、制裁強化後の物価高騰や基礎物資の不足及び外貨高騰といった現象を分析する。なお、信用創造は国内金融政策であり制裁とは直接関係ないが、その結果が生産増加に結びつかなければ、インフレや投機を加速し制裁の効果を高めることになりかねない。

（1）石油生産と輸出

ＥＵによるイラン原油輸入の禁止は、実施への移行（準備）期間が終了した２０１２年後半以降イランの石油生産・輸出の顕著な減少をもたらした。欧州諸国のみによるイラン原油の輸入禁止であれば、欧州諸国は従来イラン原油の4分の1程度を輸入しているにすぎず影響の度合いも知れていた。しかし、米国の追加金融制裁措置はイランとの原油取引を顕著に削減することを各国に求め、それに反した国の金融機関の米国での活動をも制裁対象とするものであった。

２００９年から２０１１年までのイランの石油生産量は平均で、２００９年：３７２・５万ＢＤ、２０１０年：３７０・６万ＢＤ、２０１１年：３６２・１万ＢＤであった。イラン石油省は、２０１２年6月の石油生産量を３７５・６万ＢＤと発表しているから、そこまでは何とか従来の生産レベルを維持したことになる。ＯＰＥＣの発表では、２０１２年7月のイランの原油生産は２８１・７万ＢＤに下がり、ＯＰＥＣ諸国における順位も、イラクに抜かれて3位に転落した。イラン石油省は、同月以降生産量の発表自体を止めてしまった。

イランの原油輸出は、中国・インド・韓国・日本・シンガポール・南アフリカ・スリランカ等全体で１００万ＢＤ前後に減少したとみられ（ほぼ従来の半分）、これに国内消費用として１６０～１８０万ＢＤ（イランは同程度の原油精製施設を有する）を加えて、石油生産量はせいぜい２８０万ＢＤ程度とみられる。こうした事態をイランの石油輸出の歴史の中に位置付け、併せ石油収入による外貨を原資としてなされる輸入額の推移を見れば、石油輸出量の減少がイラン経済にいかなる困難をもたらしうるかが理解されるはずである。

20世紀初頭に商業生産レベルの油田が発見されて以来１００年余、この間イランが手にした石油収入総額は、イラン暦１３９０年央（西暦２０１１年夏）までに１兆７９０億ドルであり、その内革命後の各政権下における内訳は**表2**の通りである。

表2　各政権下における石油収入

政権	石油収入（年間平均）
ラフサンジャーニ政権下の8年間（イラン暦1368～1376年）	1225億ドル（154.4億ドル）
ハータミ政権下の8年間（イラン暦1376～1384年）	2057億ドル（257.1億ドル）
アフマディネジャード政権下の石油禁輸以前の6年間（イラン暦1384～1390年）	5250億ドル（870億ドル）

アフマディネジャード政権下での石油収入がいかに群を抜いているかが分かろう。

こうした大幅な石油収入の増加を背景に、アフマディネジャード政権下の輸入額は、革命後31年間のイランの全輸入額7770億ドルのうちの3472億ドルであり、全体の45%を占める。政権発足の年（イラン暦1385年）392億ドルであった輸入額は、1390年には617億ドルに達している。制裁強化後は、国際石油価格の大幅な変動がなければ石油収入は半分以下になるわけであり、その分資金面からも輸入に制約が加わることになる。

石油禁輸後の当初のイランの懸念は、石油生産力をいかに維持するかであった。制裁強化の流れに伴い外国のコントラクターが次々に引き上げていく中で、石油生産能力を維持強化するために、石油省が中心となって種々のアイディアが検討されていく。石油開発資機材の国産化促進とそのための産学協同の推進、革命ガードや軍の油田開発等事業への参入、国内コントラクターの育成強化、さらには稼働中油井の生産性向上、はたまた放棄された井戸の再利用など、いろいろ話題となった。しかし、実際に輸出量が大幅に減少しそれに伴って生産量が減り始めると、そうした生産面での懸念は少なくなった。現在の生産能力でしばらくは対応可能と判断されたのであろう。

問題はいかに輸出先を維持し確保するか、さらに売却した石油代金の受け取り手段や方法に移っていく。EU諸国のみの石油禁輸措置であれば影響は限られたが、米国の追加金融措置は各国にイランとの原油取引の大幅削減を求めるものであった。米国の措置には緩衝条項として、仮にイランからの原油輸入が途絶えることで世界経済に悪影響が出るような場合には、制裁対象から免除するとの規定がある。しかし、免除適用を受けるためにはイラン石油の輸入削減に向けてできるだけの努力が求められたから、結果として中国とインドを除けば、他の伝統的輸入国はイラン原油の輸入を大幅に減少せざるを得なかった。

またイランとの取引がドルによる国際金融取引システムから排除され、加えてユーロについても規制が強化されさらには国際金融取引に係る通信サービスシステム（ＳＷＩＦＴ）からも除外される中で、イラン側にとり外貨移転が困難になるだけでなく、イラン原油の輸入国の側でもイランへの代金支払い（送金）に制約が生じた。インドなどは、イランが石油代金の一部をルピー貨で受け取ることに合意したことから（実体はバーター貿易に似ている）、ルピー貨分に相当する自国産品のイランへの輸出促進に懸命であった。

（２）過剰流動性の問題

開発もばら撒きも同時に追求したアフマディネジャード政権の経済政策の綻びは、資金面での石油収入の減少に加えて、過剰流動性のもたらす弊害（インフレや投機の高進）によって促進された。流動性の増加ぶりは数字に端的に表れている。イラン暦１３８４年から１３９０年（西暦２００５・３～

２０１２・３）までの、年末時点での年ごとの流動性額は表３の通りである。

ハータミ政権下でも流動性は毎年20～30％台の伸びを記録していたから、伸び率自体はあまり変わらないことになるが、経済情勢にかかわりなく一貫した流動性の高い伸びである。バフマニ中銀総裁によれば（２０１２年５月）、制裁の強化後流動性の増加抑制のため中央銀行がとった一連の措置の結果、30％を超す勢いであった１３９０年の流動性の伸びを10％台（19・4％）に抑えることができた、とのことであるが抜本的対策とは言い難い。[注4]

もとより、銀行を介する過剰流動性の問題はイランの銀行システムのあり方にかかわる問題（特に透明性と独立性の欠如）であり、病根はイランの経済社会に広く深く根を張っている。たとえば、（ア）銀行の中央銀行への累積債務額、（イ）政府及び政府系企業の銀行への累積債務額、（ウ）銀行の抱える延滞債権の割合などの数字を見れば、経済主体間の入り組んだ馴れ合いの関係が透けて見えてくる。

表３　年度末時点での流動性残高

（１ドル＝１万リアルとして計算）

イラン暦	流動性残高（対前年比増加率）
1384年（西暦2005/06年）	700億ドル（27.7％）
1385年（西暦2006/07年）	1280億ドル（82.9％）
1386年（西暦2007/08年）	1640億ドル（28.1％）
1387年（西暦2008/09年）	1900億ドル（15.9％）
1388年（西暦2009/10年）	2350億ドル（23.9％）
1389年（西暦2010/11年）	2940億ドル（25.2％）
1390年（西暦2011/12年）	3520億ドル（19.4％）

具体的数字で見れば、(ア)の銀行の中央銀行への累積債務額は、アフマディネジャード政権発足時であるイラン暦1384年末時点では35億ドル（レートは1ドル1万リアルの換算、以下同様）、これが1390年第1四半期では376億ドル（同年末では435億ドル）まで増加している。その内訳を商業銀行と専門銀行別にみると[注5]、1390年第1四半期では、商業銀行の中銀債務額136億ドルに対し専門銀行のそれは239億ドルであり、専門銀行の中央銀行借り入れ残高の急増ぶりが顕著である（イラン暦1384年段階での債務額はそれぞれ27億ドルと8億ドル）。これは「住宅銀行」をはじめとする専門銀行が、政府のばら撒き政策を資金面から支援するために動員されていることを示すものであろう[注6]。

（イ）の政府及び政府系企業の銀行への債務額においては、イラン暦1391年6月（西暦2012年8／9月）の政府・政府系企業の銀行システム全体（中央銀行と銀行）への債務額は560億ドルであり、4年半前のイラン暦1386年末の時点では280億ドルであったから、この間ちょうど2倍になっている。政府と政府系企業の銀行債務の内訳は476億ドルと84億ドルであり、4年半の間に政府分は187億ドルから2倍半以上に急増している（政府系企業分はむしろ減少）。急増する政府債務の内、対中央銀行分は上記4年半の間に97億ドルから161億ドルへの緩やかな増加であるの対して、同じく銀行（商業銀行と専門銀行）からの借り入れ分は90億ドルから314億ドルに急増しており、ばら撒き政策実施に当たって政府と銀行との密着ぶりが窺われる。

（ウ）の銀行の抱える延滞債権は必ずしも全部が不良債権というわけではないものの、イラン暦1386年初（西暦2008年3月）に130億ドルであったのが、1389年初には400億ドルに達し、さらにイラン暦1391年6月（西暦2012年8／9月）には600億ドルに達した、と中銀総裁が述べている。これは銀行の全貸出額の17・３％、国内の流動性の7分の1に達する。かなり無理をして貸し出していることがわかる。政府のばら撒き政策に関連して貸し出された資金の多くが、流用して使われたり不良債権化しているとの指摘を証するものであろう。

以上に加えて、企業に対する政府の未払金も多くそうした入り組んだ貸し借り関係の中では、決定的な改革措置は取りにくく早急な改善効果は望むべくもあるまい。銀行セクター改革は、アフマディネジャード政権の七大経済改革（うちの一つが補助金改革）に挙げられていたが実際は手付かずであり、現実にはどこから手を付けていいのかわからないというのが実情であろう。

（３）制裁強化と物価上昇・物不足

２０１２年初以降経済制裁が強化されるにつれて、当局が特に神経質になって対応を迫られた出来事が2つあった。いずれもそれまでのアフマディネジャード政権の放漫な経済政策のツケが、問題を大きくした。２０１２年3月イラン新年を前後する期間における物価の高騰と基礎物資の一部不足、及びドルを中心とする外貨の高騰問題である。

イランでは毎年、消費が高まる時期が2回ある。すなわち、3月21日のイラン新年（ノウルーズ）を迎える時期と、肉や甘いモノを中心に消費が急増する断食月（ラマザーン月、イスラームの行事は太陰暦に従うので毎年時期が異なる）である。イラン暦１３９１年の新年（西暦２０１２年3月）においては、特に鶏肉と家畜用輸入飼料である大豆ミール（かす）の不足と価格高騰が大きな問題となった。鶏肉だけではなくその他の肉（鶏肉が白肉と呼ばれるのに対して、羊肉などは赤肉と称される）やミルクも高騰した。これは家庭の台所を直撃し折から制裁強化が本格化する時期と重なって、連日マスコミをにぎわした。政府は対策に追われ、結果として収拾が不可能といった事態には至らなかったものの、これら基礎物資の価格はその後も高留まりしている。緊急輸入品が到着して騒ぎが一段落した段階では、議会が事態究明報告まで出している。

議会報告では、鶏肉や飼料等の不足と価格高騰の原因として、これら酪農製品に対する政府の需給見通しが甘かったこと、鶏の飼育に不可欠な飼料、特に大豆ミールはほぼ100％輸入に頼っているにもかかわらず（他の家畜飼料も近年輸入依存率が上昇）適切に手当されなかったこと、その結果酪農農家が十分な生産活動に従事できなかったこと、それまでの輸入政策の結果として安い外国製品が流入し、同時に政府の物価抑制策のため十分な値上げも認められず国内農家がやる気を失っていたことなどが列挙されている。鶏肉や飼料に代表される基礎物資の不足や価格高騰が顕在化してからも、省庁間の権限争い（鉱工商業省と農業聖戦省）や役所と結びついた業者間の利権争いなどがあって冷凍肉や大豆ミール他の飼料の輸入に手間取り、事態を悪化させたとの事情も指摘される。もともと農業・食料品関係は、国際社会による制裁の対象外でありこれまで大きな問題も生じなかったことから見れば、従来であればスムーズにできた輸入やそれに伴う資金の国外移転にも手間暇がかかったといわざるを得まい。

テヘランの鶏肉価格は、補助金改革が実施された2010年12月時点では1キロ2万7000リアルであったが、イラン暦1391年の新年（西暦2012年3月）前後の時点では4万2000～4万7000リアルに達した（その後の断食月には、7万リアルを突破し高値を更新した）。多くの食料品価格が3倍以上に上昇する中で、政府は２４０億ドルの外貨（政府レート）を優先物資の輸入に割り当てることを決定し（食料や飼料に加えて、産業用の原材料や資機材も含む）、加えてアフマディネジャード大統領の鶴の一声で、将来いかなる不足にも対処できるよう主要基礎物資の3か月分備蓄確保が定められた。特に、同じ年のラマザーン月（２０１２年７／８月）の需要増加に対処するため、緊急輸入により米や羊、鶏肉・砂糖・植物油など11の基礎物資の手当てが図られた。特に、そのうちの５つの物資については、鉱工商業省による戦略備蓄が進められた。それでも輸入には手間がかかり、たとえば鶏肉生産のネックになった大豆ミールの輸入品が実際にイランの港に入り国内農家に提供されるようになったのは、２０１２年６月に入ってからである。ラマザーン月を前に、国内調達や輸入及び政府備蓄の放出を通じて確保された基礎物資は、市価の10～15％安で国民に販売された。

そうした努力の結果、ラマザーン月の物不足という事態こそ回避されたが、高騰した価格を大幅に下げる効果はなかった。イラン統計局によれば、イラン暦１３９１年12月（西暦２０１３年２／３月）の都市部での物価上昇率はとうとう30％の大台を突破し、前年同月比31・5％に達した。ラヒミ第一副大統領が、「過去数か月で給与所得者の購買力は半分に減った」と認めたのはこの頃である。

（4）外貨高騰

もう1つの大きな出来事である外貨高騰は、それまでの外貨政策のゆがみが制裁強化の下で爆発した現象といえよう。

管理変動相場制の下に、リアルと外貨の交換レートはそれまで10年くらいにわたって安定的に推移してきたが、これも潤沢な石油収入を梃に中央銀行が大量に外貨を供給できればこその仕組みであった。誇り高いイランの指導者たちであり国の通貨リアルを強く保ちたいとの願望は当然であろうが、実際の経済計算としては物価抑制のためにリアル貨を弱くしないこと、すなわち輸入物価を押し上げないことに主眼があったことは否めない（イランの経済専門家は、この間の内外のインフレ率の変動と相違を勘案すれば、本来毎年5～6％程度のリアル切り下げがあってしかるべきであったと計算している）。

イラン暦1390年末（西暦2012年初）、中央銀行は政府レートを1ドル1万2260リアルと設定したが、すでにドル他の外貨の為替レートの上昇が始っていた自由市場では、すぐに1ドルが1万5000リアル近辺に上昇し、しばらくの間1万6000から1万8000リアルの間を変動した。しかし夏の初めには1万9000から2万リアルに達し、さらに2012年9月には3万5000から瞬間的には4万リアルを超えリアルの大暴落となる。

急激なリアル安は、これまで政策的に強いリアルが維持されてきたことへの反動と修正の動きというだけではない。インフレが高進する中、溢れる流動性が資産価値の維持を求め、株式や不動産市場、さらには金・金貨市場に流入を繰りし、今度は外為市場に流入したとの側面も大きい。もとより他の場合と同様、こうした資金は投機の性格を有し過剰な動きをしがちである。外為市場に投機資金が流入する中で、個人のみならず民間の金融会社が外貨をポートフォリオに組み込んだほか、銀行なども密かに取引に関与していたとみられる。政府は、貿易などの実需に対する外貨準備には全く問題ない、問題は投機に走って不正に利得を得る連中であるとしきりに警告したが、もとより警告だけで解決する問題ではない（アフマディネジャード大統領はこのような立場の急先鋒であり、たとえば仇敵のテヘラン市長〈すなわちテヘラン市〉が金貨高騰時に大量の金貨を購入して、さらなる高騰を煽ったとして非難した）。

外貨高騰の事態に対して、政府（中央銀行）の対応はもたついた。管理変動相場制維持と外貨の節約を念頭に、当初は政府レートを維持しつつ、外貨割り当てを必要な物資の手当てに絞って行うことにした。しかし、割り当て対象にならない物資の輸入や外国旅行・留学のための外貨も必要であり、そのための手当てを高騰を続ける自由市場に委ねておくこともできず新たな工夫を迫られる。すなわち、一部基礎物資に対して政府レートでの外貨割り当てを行いながら、その他物資の輸入やサービスへの支払い等のために市場の実勢に近づけたレートで外貨を供給するメカニズムの創出である。そこに至る経緯は次の通りである。

外貨交換センターの設置

中央銀行は当初、鉱工商業省により10のカテゴリーに分けられたほぼすべての輸入物資に対して、政府レート（1ドル＝1万2260リアル）で外貨割当てを行ったが、イラン暦1391年6月（西暦2012年8／9月）からは、政府レートでの外貨供与を上から5つまでのカテゴリーに属する優先物資に限定した。その間、一時的に外貨割り当て自体を停止したこともあり外貨の高騰が加速した。特に割り当て対象外のカテゴリーに属する物資を輸入しようとすれば割高な自由市場でレートで外貨購入を行わなければならず、その結果は企業活動を困難にするとともに、自由市場のレートをさらに高める原因となった。

そうした中で、2012年9月鉱工商業省内に外貨交換センターが設けられて、引き続き政府レートの外貨を供与されるカテゴリー1・2（食料品や農産品と医薬品や医療資機材）を除く、カテゴリー3〜5に属する物資輸入のための外貨交換の場となった。自由市場のレートを参考に、それより数パーセント高いレートで外貨を供給するものである（交換レートは当初2万4040リアルでスタート、その後も2万5000リアルを前後するレベルで推移している）。外貨交換センターにおける外貨供給対象物資のカテゴリーも順次第9カテゴリーまで拡大されたから、一応必要な物資輸入のために市場レートを目安に設定されるレートで外貨が提供される体制が整ったと言える（外貨交換センターにおける外貨の売り手側は実際には中央銀行であるから、従来の政府レート1ドル1万2260リアルがほぼ2万5千リアルとなり、政府レートが半減されたことになる）。

この間の中央銀行の狼狽ぶりは、それが却って事態を悪化させたとして批判された。1390年1月（西暦2011年3／4月）から1391年7月央（2012年10月初）までの1年半の間に、中央銀行は外国為替に関する65本もの指示や通達を連発した。議会が作成したこの問題の調査報告書にも、その間の中央銀行の朝令暮改ぶりが指摘されているが、加えて報告書には、こうした混乱に乗じて行われた不正、たとえば政府レートで手に入れた外貨により輸入した砂糖を、（不正に）自由市場レートで売却して大儲けした事例などが指摘されている。

為替高騰における根本の問題は、経済のインフレ体質と先行きに対する不安や不信に根差す投機の動きである。それがいつ再燃・爆発してもおかしくない状況であり、そうした事態に対する政府（中央銀行）の対処能力が（金も含めた使用可能な手持ち外貨）、時と共に減少していくことこそ問題である。2012年10月には、テヘランの街中の両替商が集中する一角においで外貨よこせのデモが起きている（もっとも体制側の素早い、かつ重々しい対応で、その後そうしたデモの再発は防がれている）。

３．イラン側対応とその限界

制裁強化の影響は、１年も経つと誰の目にも明らかな形で深刻化していく。政府側の対応からも、その深刻さが伝わる。以下いくつかの具体的事例・数字を挙げる。

（１）制裁の影響――具体的事例

まずは、最も影響の大きい貿易分野である。石油輸出については上述したので、ここではそれ以外の貿易であるが、２０１３年４月鉱工商業省傘下の貿易振興公社筆頭副総裁は、（年初来11か月の実績を踏まえた）イラン暦１３９１年（西暦２０１２年３／４月～）の非石油輸出見通し額を４３０億ドル、同輸入額を５５０億ドルと発表した（結局同１年間の実績は、輸出４１５億ドル、輸入５３３億ドルであり当局の予想を上回る形で縮小している）。

第５次５か年開発計画では、石油輸出に依存することなく非石油輸出で輸入額を賄うとの目標を掲げており、実際石油化学製品を含む非石油輸出は**表４**の通り近年急速に伸びてきた。そうした趨勢の中で初めての非石油輸出の減少であり、同時に非石油輸出品目の中で重要な位置を占める石油化学製品が30％と大幅に減少している事実は、制裁の深刻な影響を示すものである（石油化学製品も制裁対象）。

他方、輸入額は表4の通りすでに1年早くから減少傾向を示してきたが、ここにきて大幅に縮小した（イラン暦1391年で、対前年比13％減）。なお、このほか密輸が毎年150～200億ドル程度とみられる。

石油輸出による収入（政府直轄部門）が大幅に減少する中で、非石油輸出の減少は非政府部門（政府系企業・民間部門）の外貨入手を制約する要因となり、（輸入資機材に依存する）イランの生産・輸出に対する追加的な打撃となる。

イラン暦1391年（西暦2012年3／4月～）の貿易額が全体として縮小し始める中で、主要な貿易パートナーであるアラブ首長国連邦（UAE）との貿易額は、対前年同期比37・7％の減少（特に輸入は45・5％減少）と大幅に後退しており（1391年初11か月の実績）、従来西側との貿易の迂回路として使われてきたUAEのドバイが、制裁強化の流れの中でイランへの対応を厳しくした結果とみられる。イランにとって、貿易や国際金融手続きがいよいよ難しく（煩雑に）なっていることを示すものである。

予算においても、イラン暦1391年の予算の執行振りや1392年（西暦2013年3／4月～）の予算案において、制裁の影響が色濃く滲み出ている。注7

2013年4月ホセイニ経済財政相は、1391年（2012年3／4月～）予算における歳出予定額1440億ドルは現実の歳入見通しから見て実現困難であり、年初の段階から歳入は1000億ドルを超えないとの想定で、実際には950億ドルを目途に歳出を抑制したと打ち明けている（1ドル1万リアルで換算）。実際、イラン暦1391年の歳入見通しのうち、石油収入については予算上の見込み額の40％が実現しなかった（2012年12月、国会の計画予算委員長の発言）。

政府は1392年予算案においては、130万BDの石油輸出を前提に予算を編成した。これは

表４　非石油輸出と輸入額の推移

イラン暦	非石油輸出	輸入
1385年（西暦2006/07年）	178億ドル	417億ドル
1389年（西暦2010/11年）	330億ドル	643億ドル
1390年（西暦2011/12年）	437億ドル	612億ドル
1391年（西暦2012/13年）	415億ドル	533億ドル

１３９１年当初10か月（西暦２０１２年３／４月～２０１３年１／２月）の石油収入実績に基づくものである。

同予算案では、実施中開発プロジェクトのうち90％以上完成し年内に完工が見込まれるものに予算を配付し、新規プロジェクトは４つを例外としてあとは認めないこととした（２０１３年３月、予算担当副大統領府次官の発言）。

ここで予算の石油収入への依存額（度）について触れておくと、政府は国会への１３９０年決算報告で（２０１３年１月）、予算の石油収入への依存（実績）を７８６億ドル（歳入における石油依存度は46・６％）と報告した。他方、２０１３年２月、イラン暦１３９２年（西暦２０１３年３／４月～）予算案が国会に提出された際の予算担当副大統領府次官の説明によれば、同予算案では石油収入による外貨使用上限を３１０億ドルとしており、大幅な削減となっている（なお１３９１年予算における外貨使用上限は５１０億ドル、歳入における石油依存度は44％）。

イラン経済は、制裁が強化されて１年目にして現実には激しい縮小均衡を迫られたわけであり、２年目のイラン暦１３９２年においてもそうした傾向は不可避であった。外貨不如意（外貨準備高の不足というわけではなく、国際金融システムから締め出された結果として外貨移転の自由を制約されたことが大きな障害となっている）に基づく経済的困難を経済的方途で解決することは容易ではなく、イラン暦1392年の新年を前にガザンファリ鉱工商業相は、これまでイランにおける外貨の確保は石油部門によってなされてきたが、本年（1391年）はそうはいかなかった、雇用の維持にも生産や流通の継続にも外貨が必要であるとして生産部門（農業含む）による外貨獲得努力を促した。

制裁強化に伴う生産の低下や雇用の喪失を示す事例にも事欠かない。2012年6月イラン食品産業協会理事長は、機械設備を西側からの輸入に頼ってきた食品産業への制裁強化の影響として、工場の50％が操業を停止し、40％の工場の操業率が50％以下に低下、フル稼働している工場は10％に過ぎないと発言している（中小民間企業への影響が看取される）。

また、イランの現地紙は国際自動車製造者連盟の発表として、2012年のイランの自動車生産台数が98万9000台と前年（164万台）比40％の大幅減少を記録したと報じている。これは、特に仏のプジョー社及びルノー社によるイランへのノックダウン部品の輸出が制裁強化で困難になったことに由来する。

さらに、イラン石油産業関連資機材生産者連盟会長は、石油ガス産業が必要とする設備・資機材の60％は国産化されているが、関連イラン企業の設備の79％は遊休状態であると訴えるなど、個別産業の窮状を伝える報道は絶えない。

（２）イラン側の対応策

もとよりイラン政府も、いずれ来るべき制裁強化、特に金融制裁に備えた準備を怠ったわけではない。２０１２年２月イラン税関長官は、イラン中央銀行が前年に１５０トンの金塊を輸入したと発言しているし、中央銀行総裁自身も過去数年間にわたって保有外貨をドルからユーロないし金に換えてきた、また金を６００トン購入したと述べたことがある。２０１２年６月のバフマニ中銀総裁の発言によれば、イランは１５００億ドルの外貨準備を有する（金を含む）趣であり、前述の通り外貨準備高の不足というよりも問題はこうした外貨のかなりの部分がイラン中央銀行の思い通りには使えないことにある（すなわち、イラン中銀が外国の銀行に有する外貨を口座のある国以外に自由に送金できないことなど）。

金備蓄以外にも、石油収入の20～26％を備蓄して将来や緊急時への備えとする「国家開発基金」の積極的活用が行われている（イラン暦１３８９年に積立開始）。「基金」総裁は、イラン暦１３９１年６月（西暦２０１２年８／９月）時点での基金の外貨資金保有額を４２０億ドルと発言している。緊急時に当たる制裁強化の後、基金は本来の目的である開発プロジェクトの外貨分への融資に加えて、内貨による融資にも支援を拡大した。基金保有の外貨は、イランのエネルギー開発計画の核心というべきサウス・パールス・ガスコンビナート関連開発プロジェクトなどが必要とする外貨資金に充当されるとともに、基金に新規に振り込まれる外貨の10％ずつ（計20％）を「外貨交換センター」で内貨に交換した上で、それぞれ生産部門（工鉱業及び農業分野）のプロジェクト支援に当てることになった。

さらには、国内に溢れる資金の動員により、市場に存在する過剰流動性を吸収し併せインフラ事業や産業プロジェクトへの資金手当てを目的として、政府機関や政府系企業、また地方公共団体に至るまで幅広い事業主体に対して公社債（「参加債」と呼ばれる）の発行が奨励された。イラン暦１３９１年において、エネルギー、石油、道路都市建設、防衛軍需、通信、鉱工商業、農業の各省は、中央銀行の認可を条件に各々の自己責任で、合計１５０億ドルの「参加債」発行を認められた（レートは１ドル＝１万リアルで算定、以下同様）。これに政府自体と地方公共団体の分各々50億ドルを加えると、参加債の総額は２５０億ドルとなる（「参加債」は18年間にわたって発行されてきたがこの間の最高発行枠は、イラン暦１３８９年〈西暦２０１０年３／４月〜〉の１８０億ドル分）。

こうした種々の努力も、これまでイラン経済の発展を支えてきた石油収入と貿易（輸入）の増大という二本柱が威力を失う中では、俄かに効力発揮とはいきにくい。

２０１３年２月バフマニ中銀総裁自身、流動性抑制のための諸々の努力を列挙した上、その結果銀行の（対預金）貸出率がイラン暦１３９１年10月（２０１２年12月／13年１月）の時点で１００・２％まで低下たことを誇示したが、同時に自動車や鉄鋼製品、さらには柑橘類などの生産低下と、引き続き「インフレ期待」が高いことからインフレ率は28・7％に達し（その後イラン暦１３９１年末には30％台に上昇）、流動性も４３８２億ドルと変わらず高い水準にあることを認めている。

（3）国民の生活防衛努力と忍耐の限界

政府は経済活動の停滞や国民生活の悪化に対して対策に苦慮する中で、特に国民に対しては、基礎物資の確保と市場価格を下回る価格での提供、また労働者最低賃金の大幅引き上げ（イラン暦１３９１年では対前年比18％、１３９２年は同じく25％）や公務員への新年ボーナス支給など、直接の形での支援に努めている。その効果は小さくはないが限られることも否めず、国民、特に都市部の給与生活者たちは様々な形で生活防衛に追われている。

現地紙の報道するところによれば、給与所得者である公務員を中心として臨時所得を得ようとアルバイトをするものが増えている（白タクや物売り、さらには金持ちの屋敷の清掃や庭掃除など）。また、価格上昇の激しい肉や牛乳など動物性蛋白質や野菜類、さらには娯楽・衣料などへの支出を削減するなどの自助努力に加えて、伝統的な大家族制度に基づく家族や親せき間の助け合い、また、地域社会に残る互助組織（宗教界によるものも含まれる）による支援などが助けになっているのは間違いない。しかしながら、マクロ経済レベルにおける困難と混乱の度合いが増ししかも将来への展望が開けない中では、ミクロレベルでの家計の苦しさも容易に改善は望めない。生活上の苦しさを増す大多数の国民と経済の混乱を利用して儲ける階層との格差が拡大することで、国民の不満が政府を超えて体制に向かいかねない危険性を孕むことは、体制の最高レベルの指導者たちがその経験を通じて熟知していることに他ならない。

ロウハーニ政権の登場と核問題への対応をはじめとする融和外交の展開は、体制がそうした事態への展開を危惧していることを抜きにしてはあり得なかった。

【注】

1　結婚契約金である「メフリエ」の一部は結婚時に、また離婚する場合には残り全額を男から女に支払う必要があり、その額は契約によりたとえば金貨何百枚と定められるが、金貨千枚を超えるケースも珍しくない。

2　補助金削減に伴う引き上げ幅は、ガソリン価格で4倍。その結果、ガソリン価格はペルシア湾におけるFOB価格の67％相当に達した。最終的には同90～95％まで引き上げることが目標である。天然ガスは5倍以上、液化ガスは32倍、電気は平均して2・5倍以上、小麦粉は50倍の値上げとなった。また現金給付額のうち、5000リアルはパンへの補助分であるが、1人当たり現金給付額45万5000リアルを約40ドルとして単純合計すると、年間350億ドル強の現金給付となる。

3　補助金改革の結果、たとえばガソリン消費が6％減少したほか、他の石油製品の消費も減少した。電気や水道の消費量は従来の増加トレンドから10％減少し、また小麦粉の消費は30％減少した。併せて、近隣諸国へのガソリンや小麦粉の密輸も大幅に減少した。

4　中銀総裁が列挙した流動性の抑制措置としては、預金金利引き上げによる預金の奨励、インフラや産業プロジェクト実施のための「参加債」（公社債）の販売強化、金貨950万個の売却、銀行が為替レートの差異を利用して不当に手にした資金の一部回収などがある。

5　イランの銀行の数は26、内専門銀行は5。

6　前述の小企業育成計画やメフル住宅計画などに加えて、地方閣議での決定案件への融資も含まれる。

7　政府予算案の国会提出が遅れた結果、1392年予算は当初3か月の暫定予算が組まれた。これは、アフマディネジャード政権下、毎年繰り返されてきた。

第3章　外交・安全保障——体制の維持が至上目標

革命に続くテヘランの米国大使館占拠人質事件とイラクとの戦争は、国際社会におけるイランの孤立を決定的なものとする。イランは当初国際社会を信用せず外交に重きを置かないで、体制存続のためにその後のイランの安全保障の基礎となる独特の戦略とシステムを構築していく（特に大衆動員と域内の友邦勢力・国との特別な関係）。イラクとの戦争が終了（1988年）し、ラフサンジャーニ・ハータミ両政権によって国際関係の改善努力も進められるが、ハータミ政権第2期目において発覚した核疑惑問題は、アフマディネジャード政権による高圧的な対応もあって、イランの安全保障・外交上の大きな懸案・柵《しがらみ》となっていく。国際的な孤立がかえってイランの独立・自主路線を強め、頑なに見えるイランの安全保障・外交政策であるが、そんな中にあって時にイランが見せる柔軟な対応、たとえばホメイニ師存命時のイラクとの停戦受け入れ、またハータミ政権下でＩＡＥＡに未登録で核活動を行っていた事実を認めたことなどは注目に値するが、いずれも体制の存続に対する重大な危機意識を抜きにしてはあり得ない。

1．外交の位置づけ

（1）外交努力への不信

革命後のイランの対外関係の特質を一言でいえば、体制の生存と持続のために安全保障が内政とも密接に結び付き、外交を主導するという点であろう。

革命の成功の年に発生した在テヘラン米国大使館占拠人質事件とその後のイラン・イラク戦争が、イランの対外関係の骨格を決定したといって過言ではない。革命自体反シャー・反米・反イスラエルをスローガンとしたものであったが、これら出来事はそのスローガンに魂を吹き込むことになった。2つの出来事を契機としてイランは、米国のみならず東西冷戦下の両陣営及び域内アラブ諸国を敵に回すことになり、その結果革命と体制の護持のためにあらゆる努力を傾けざるを得ない立場に自らを置いた。「独立・自由・イスラーム共和制」、すなわち体制の持続がスローガンとして叫ばれるだけではなく、対外関係の基軸としてその実質を強めていく。そうした対外関係の取り組みにおいて、外交は当初蚊帳の外に置かれた。

イラン・イラク停戦にかかわる国連安保理決議（第598号）受諾の背景について、外務省で同決議の実施対策本部長を務めたアリ・ホッラム氏は、「（イラクとの）開戦当初、イラン側に国連安保理開催を求めるよう働きかけたのはクルト・ワルトハイム国連事務総長であった。イランはこれを拒否した。当時、外務大臣であったベラーヤティ氏は革命評議会のメンバーではなかったし、革命評議会のメンバーたちに外交の場で戦争を有利に展開できるとの思いは全くなかった（すなわち、国連安全保障理事会は大国に支配され彼らの利益を代弁する場として認識されていた）。そうした空気に変化が生じたのは、戦況が膠着して戦場での勝利の見通しがいよいよ暗くなり停戦やむなしとの判断が出てきてからである」との事実を明かしている。いよいよの段になっても、戦争と和平を主導したラフサンジャーニ国会議長は、主戦派を説得し和平（交渉）に同意させるのに大変苦労している。

それ程までに、外交への不信（無理解）が強かったといえる。安保理決議第５９８号の受諾及びその後のイラク・国連相手の交渉実務を通じて外交の重要性に関する認識も深められていくが、そんな出自もあって外交の主眼は体制の存続、すなわち安全保障や独立・自由のためにイランの権利をいかに護り確保するかに置かれていく。

そうした中、核疑惑問題をめぐる10年余にわたる交渉は、大国（Ｐ５＋１）を相手に堂々と渡り合って一歩も引かないとのイメージを国民に植え付けることとなり、外交が国内政治に密接にかかわりを持つ契機となる。

（２）各政権の外交スタイル

ロウハーニ政権登場以前の外交における政府の役割は、経済問題と比べればはるかに限られたものであったが、それでも政権それぞれにその外交スタイルが見てとれる。イラクとの戦争後に誕生した３つの政権の外交スタイルは、それぞれに特徴あるものである。

イラクとの戦争が終了した翌年（１９８９年）、ホメイニ師死去直後に大統領になったラフサンジャーニ師にあっては、現実主義的立場から国益追求を優先した。イラクとの戦後の復旧や開発を促進するためには、静かな国際環境を必要とした。ラフサンジャーニ師は米国との関係改善も視野に入れ、アフマディネジャード氏と大統領選挙を争った際（２００５年）などに、大国である米国と地域の重要国であるイランが対話や関係を持たないのは不自然であるとまで発言している。ラフサンジャーニ師は、その後も何度か米国との対話に前向きな発言を繰り返している。

ラフサンジャーニ師の現実主義外交の視点は徹底しており、国是となっている反イスラエル政策についてもイスラエルとの闘いはアラブ諸国に任せればよく、イランは必要があればアラブ諸国を支援すればいいとまで発言した。

ハータミ大統領は、国内での改革・自由化を追求する一方で対外関係でも文明間対話を掲げるなど各国との関係改善に積極的であった。しかし、域内の大国エジプトとの外交関係再開をムバーラク大統領（当時）と直接合意しながら国内を説得できずに断念したことなどは、同大統領の国内基盤の弱さを示すものであった。

アフマディネジャード大統領においては、国際関係に係る華々しい発言や行動とともに（特にイスラエルへの強硬発言や米国に対する融和的なジェスチャー、また隣国ＵＡＥが領有権を主張するペルシア湾内三島〈アブムサ島〉への突然の訪問など）、自らの手で外交を主導するための体制造りにも熱心であった。

２００５年大統領就任直後、大統領と一心同体とされるマシャイ氏を第一副大統領に任命したものの最高指導者に拒否され、２００９年の大統領再選後はマシャイ氏始め側近を世界各地域及び特定課題の大統領特使に任命しようとした。この際も外務省との二元外交として議会やモッタキ外相他からの批判を招き、最高指導者からは再度任命自体を拒否された。結局、大統領特使の称号は取り下げて大統領顧問に格下げし決着させたが、後日これが一因となって海外出張中のモッタキ外相の不意打ち的な解任劇となる。外交にかかわるアフマディネジャード大統領の言動はイランに現実的な成果をもたらすことはなく、実際はイランの立場やイメージを悪くするばかりであった。

時々の政権指導者（大統領）の外交スタイルの違いや言動の変化にもかかわらず、イラン外交をある程度一貫性あるものにしているのは、外交を含めた対外戦略の最終決定権が政府、すなわち大統領の手には必ずしもないからである。

2. 対外戦略の決定者

（1）真の決定権者

実際、革命後のイランにおいて対外関係を戦略的にマネージする権限は、時々の政権の手にあるわけではない。それを行使するのは国家外交安全保障最高評議会であり、その評議会も最高指導者の意向に反して有意味な決定を行えない（ロウハーニ政権登場前の核問題のイラン側交渉責任者は同評議会の書記であり、同書記は同時に評議会における最高指導者名代の肩書を有する）。大統領は評議会の議長ではあるが、評議会の決定は最高指導者の承認を得る必要がある。ロウハーニ大統領の融和外交もハーメネイ最高指導者の明示・黙示の同意・承認がなければあり得ない。

確かに、外交分野における最高指導者と大統領の関係は微妙である。ベラーヤティ外相時代、国際担当外務次官としてイラン・イラク戦争を担当したシェイホル・イスラーム氏（ラーリジャーニ国会議長の外交顧問）がこんな逸話を紹介している。

ある時、国家外交安全保障最高評議会議長であるアフマディネジャード大統領がハーメネイ最高指導者への報告の場で、「我々は、イスラエルを除くすべての国々と仲良くできる」と述べたのに対して、最高指導者は間を置かず応えた。

「その通り、我々はすべての国と仲良くできる。イスラエルと米国を除いては」

この逸話のポイントは、イランと米国との関係である。大統領は機会あるごとに米国と関係改善について話し合う用意があると表明してきたが、他方最高指導者の対米関係に対する立場は極めて慎重である。米国の意図（イランの体制打倒）に対してきわめて懐疑的であり、むしろ大統領のごとき気楽な発言が国民の間に安易な期待（制裁解除や米国との関係改善への期待、そのための妥協の容認）を生むことを極度に警戒しているとみられる。

最高指導者とアフマディネジャード大統領の関係においては、２０１１年春の事件（モスレヒ情報相解任事件）を契機として、最高指導者が事態の掌握に自信を深めている様子がありありである。上記のシェイホル・イスラーム元外務次官の発言後まもなく、最高指導者自身が対米関係と核問題を決定するのは自分（最高指導者）であると明言している（２０１１年11月、ケルマンシャーでの国民大集会において）。

そこで最高指導者が対外戦略を主導する上での力の源泉といったものを見ておこう。もとより、憲法上の規定として第8章「最高指導者あるいは最高指導者評議会」110条に、具体的権限が列挙されているが、現実のパワーポリティクスの観点からの拠り所である。

最高指導者の対外戦略主導上の力の源泉の1つは、国民の直接的な支持（具体的には最高指導者の呼び掛けに応じて行動する「国民」の「動員力」）であり、2つは国の武装機関の最高責任者としての立場である。最高指導者が体制の存続・維持という至上目的を遂行するために、以上2つを足場にして自らの主導力を確保しようとしている点は国内対策においても同様であるが、対外戦略においては特に顕著である。前者（「国民」の「動員力」）については後述するので、ここでは後者に絞って何点か指摘しておく。

最高指導者は、単に軍だけではなく革命ガード・警察など体制の全武装機関の最高司令官である。開戦・和平の権利も掌中に収める。この中で、特に体制の擁護を憲法上の義務とする革命ガードとの関係は重要である。最高指導者と革命ガードの関係は、二人三脚、持ちつ持たれつの関係である。革命ガードは最高指導者に忠誠を誓いこれを支持・支援することと引き換えに、最高指導者の庇護・支援（さらには黙認）の下で、本職の軍事や安全保障分野のみならず経済・社会・政治など幅広い分野に拡大した既得権益の維持を図る、という相互依存関係ができ上がっている（革命ガードのそうした役割・立場については第3部第2章）。

軍についても、最高指導者自身革命のプロセスで軍の中立宣言（軍の政治への不介入・すなわち革命運動を鎮圧せずとの宣言）が革命成功の直接の契機になった事態を目撃し、軍の国内政治上の重要性はよく認識している。最高指導者の軍への特別の配慮振りは、士官学校卒業式への出席や基地訪問、さらには軍関係者との会見等からも見て取れる。

軍関係者も、最高指導者を持ち上げることしばしばである。イランの国防戦略の基本は、抑止力の維持である。域内諸国が軍備増強に努め、また域外の巨大な軍事力（米国）が引き続き存在する地域にあって、抑止力を維持するためには何よりも軍装備の近代化と国産化が不可欠である。その点に最も配慮したのが、イラクとの戦争中大統領であったハーメネイ師であると軍関係者はよく語る。

軍は、すでにイラクとの戦争中に同師の指示で軍装備の開発本部（自立自給聖戦本部）を設置した。また戦争終了後のイラン暦1370年（西暦1991年）には、最高指導者となった同師が主要武器の国内生産に取り組むよう指示し、その成果がイラン暦1380年代に入って開花する。各種演習や記念式典に際して、各種ミサイルやロケットの発射実験に加えて、各種の新しい武器が次から次へ公開され鳴り物入りで報道される。外からは推し量りがたい世界であるが、国際社会からの制裁が厳しく科されてきた中でのこうした軍装備の近代化の積み重ねは、相当目覚ましい成果を上げていることも事実である（たとえば、アフガニスタンとの国境地帯での米国無人偵察機RQ170の捕獲、イラン製ヘリコプター搭載艦ジャマラーンの建造など）。

こうした自前の努力を中心とする軍装備の近代化と充実は、ハーメネイ最高指導者の指導路線、すなわち科学技術の進歩・発展を梃として国全体の発展と国民の誇りを高め、それを以って体制維持の基盤強化を狙う戦略の重要な一部をなしていることは間違いない。シャー体制と表裏一体であった軍は、革命後3分の1世紀を経て過去の汚名を振り払い自らの復権を果たしたといえようし、最高指導者は、革命ガードと並んで軍との関係においても相互依存関係の樹立に成功したといえる。

革命ガードによる軍事的開発事業は、軍に比較してより戦略的分野に集中していると見られるが、実態が明かされることは少ない。そんな中で、革命ガードによる軍事的開発努力に関する筆者の経験談を一つ披露しておく。

２０１１年11月、テヘラン市の北東部に位置する日本大使公邸まで聞こえる大きな爆発音が、はるか西の方から聞こえた。何か大きな事件か事故が起きたとは直感したが、しばらくしてテヘランの町から西に50キロ離れたキャラジの町の手前にある革命ガードのキャンプ内（ビード基地）での爆発事故であることが分かった。それにしても遥か50キロも先まで爆発音が聞こえたのであるから、その大きさが知れる。当時核問題をめぐってイランの原子力科学者が相次いで殺害されていたから、これも反体制分子によるサボタージュであろうとまことしやかに噂された。

その後革命ガードのジャアファリ総司令官が事故１周年の追悼集会で、（件の大爆発は）人工衛星の発射ロケット用固体燃料に関する重要実験中の事故であると明らかにした。イラン自慢の人工衛星や発射装置の開発が、革命ガード主導でなされていることを責任者が具体的に認めたわけである。

（２）核疑惑問題をめぐる軍・革命ガードの役割

それでは、イランの対外戦略の核心である体制の維持・護持の観点から、焦眉の急である核疑惑問題をめぐる欧米からの挑戦（脅威）に対して革命ガードと軍はいかなる役割を果たしてきたか、また体制の安全保障確保のための重要なカードとして、革命後一貫して革命ガードが中心となって構築してきた域内諸勢力との協力・連携関係がどうなっているのかを見ておきたい。これらはいずれも、ハー

表5　2012年に実施されたイランにおける軍事演習一覧

2011年	12月～翌年1月	海軍大演習
2012年	1月	革命ガード陸軍による東部での装甲・機械化部隊を中心とする演習
	2月	革命ガード陸軍やハータモル・アンビヤー防空作戦本部による、ペルシア湾岸のホルムズガーン州・ファールス州・ホゼスターン州・ケルマーン州・ヤズド州を網羅する広範な地域での総合演習（ホルムズ海峡を含む、また革命ガード陸軍航空隊が参加）
	5月	陸軍によるイスファハーン他中央部での演習
	7月	軍・革命ガード・ハータモル・アンビヤー防空作戦本部による演習（イラン中央部のセムナーン砂漠の標的に向けて各地からミサイル発射実験〈射程2000キロのミサイルを含む〉、タブリーズでの防空演習）
	10月	陸軍が東部の国境地域で演習
		革命ガードがバシジィの演習（バシジィ組織内に緊急展開部隊を設置し、全国で順次演習を実施していく）
	11月	軍・革命ガード・ハータモル・アンビヤー防空作戦本部による合同演習（イラン東部一帯からペルシア湾岸南西部にかけての広範な地域を対象）
	12月	海軍演習

メネイ最高指導者の直接の監督のもとに進められてきたのは言うまでもない。

核問題に係る脅威（制裁強化や軍事攻撃の可能性）への対処において、軍・革命ガードが使ってきたカードは、上記のごとく最新式兵器の開発とその成果の誇示に加えて、適時の各種軍事演習の実施である。もとより、核関連施設の防御や核関連技術者の安全確保は、革命ガードや後述のハータモル・アンビヤー防空作戦本部[注1]の重要な任務であるが、ここではイランの戦略的立場からの軍・革命ガードの役割を論じるものである。

特に、制裁が強化されて圧力が特段に増したイラン暦1391年（西暦2012年3／4月〜）においては、その前の西暦2011年末から年間を通じて軍事演習が引っ切りなしに繰り返された。

2012年1年間に実施された軍事演習は公表されたもので全部で9回、表5の通りである。

その中でも、ペルシア湾への出入り口であるホルムズ海峡の閉鎖も念頭に置いた軍・革命ガード海軍による演習、ハータモル・アンビヤー防空作戦本部による全国、および西北部地域（イスラエル軍機のありうべき攻撃に際して進路と目される）での防空演習、および革命ガードによる全国各地域での義勇兵組織（バシジィ）を巻き込んだ演習が目を引く。

ホルムズ海峡を含めた海域での海軍（軍および革命ガード双方）の演習は従来も実施されてきた。しかし今回は、2012年初に初めてイランの石油輸出が制裁の対象にされたことから、イランはじめ湾岸産油国の石油輸出ルートであるホルムズ海峡の安全航行問題が、再び脚光を浴びる中での演習実施である。インド洋・オマン海を含む広大な海域での演習では、各種ロケット弾の発射訓練に加えてホルムズ海峡における航行抑制のための水雷設置や小型高速艇（スピードボート）による訓練も行われている。

演習と同時に、イラン原油禁輸実施の動きを牽制するイラン軍・革命ガード関係者のホルムズ海峡閉鎖に係る発言もトーンを高めた。2011年末から年明けにかけて、革命ガード総司令官や海軍司令官は、「イランは脅威を受けた場合には、ホルムズ海峡を閉鎖する能力がある」と繰り返し強調した。

これに対して米国政府関係者が、「（イランによるペルシア湾閉鎖がなされた暁には）米国は、直ちに断固これを再開させる」と繰り返し表明したことで、イラン側は発言のトーンを後退させた。たとえば、フィールザーバディ統合参謀本部長は、「我々は、イランがホルムズ海峡を使えない事態となれば（イランが石油を輸出できなくなれば）いつでもこれを閉鎖するプランを有するが、そのような決定を行うのは最高指導者の責任である。必要となれば、国家外交安全保障最高評議会が最高指導者にそのように諮問する」と発言している。

ホルムズ海峡の航行が阻害されれば困るのはイランも同じであり、したがってイランが軽々にホルムズ海峡閉鎖に手を染めることはあり得ないが、それでも対外戦略のカードとしてホルムズ海峡閉鎖の可能性を温存する。

ホルムズ海峡の重要性に関するイラン側の認識として、2013年2月現地紙に掲載された論説を紹介しておこう（資料4）。

資料4　ホルムズ海峡の重要性

世界の原油輸送ルートとして5つの海峡（運河含む）が重要であるが（毎日世界で輸送される原油の53%：4200万バーレルが通過）、その内でも最も重要なのはホルムズ海峡である（1日に20%以上：1700万バーレルの原油が通過）。米国が中東・ペルシア湾地域への石油依存軽減を目指していることは明らかであるが、そうした中でアジア諸国によるペルシア湾岸地域への石油依存が増大していこう。

欧米とイランの緊張の高まりの中でホルムズ海峡における船舶航行の停止の可能性が、エネルギーや政治の世界でホットな話題となっている。西側諸国やそれに従属する域内諸国は、危機に備えてホルムズ海峡を迂回させて石油を輸出できるよう努力している（として、UAE・イラク・サウジアラビアによるインド洋・紅海・地中海向けパイプラインの操業状況及び建設計画を紹介）。域内諸国はそうすることで、欧米のイランに対する石油制裁実施に対しゴーサインを送った。しかし、こうしたパイプライン計画が全部操業を開始したとしても950万BDを賄うにすぎず（それもコスト高と不慮の事故など考えればベストとは言い切れない）、残りは引き続きホルムズ海峡から輸出される。（ホルムズ海峡が閉鎖されて）その分が世界の石油市場から姿を消すことを考えれば、ホルムズ海峡の重要性は将来にわたって変わらない。

革命ガード陸軍を中心とする地元バシジィ（義勇兵）を動員した演習も注目される。バシジィの存在はイランの軍事戦略の要である「非対称戦略」の基本に位置付けられるものであり、演習はイランの西南部・南部・東部・西部・西北部・中央部等ほぼ全国を網羅して、一般地域（軍施設地域に特定しない）を舞台に実施されている。

「非対称戦略」とは、敵方の圧倒的な軍事力・火力を前に正面からもろに渡り合って勝ち目がない中で、時とレベルをたがえて反撃に転じる作戦の実施と解される。

バシジィの役割は国内が戦場になった場合絶大である。バシジィを動員した訓練の狙いの1つは、日本の4・4倍もある広大な領土、しかもたくさんの人口希薄地域を抱える中で敵部隊による後方侵入の可能性を懸念し、それに対して現地レベルでの迅速な対応能力を構築することである（人質として捕えられた在テヘラン米国大使館員の救出作戦で、米国がイラン東部奥深くのタバスの砂漠まで軍事進出してきた事実は、今も語り継がれている）。

また、ペルシア湾対岸の産油諸国と地形・気象がよく似た地域でバシジィも動員して実施された訓練などは（その際、訓練地域の地形・気象が湾岸諸国のそれに似ている点が強調して報道された）、仮想敵国（湾岸諸国）内における背後からの攪乱を狙った作戦訓練とも見受けられる。

こうした軍・革命ガードによる繰り返しの演習実施は、制裁強化と並行してイスラエル軍機によるイラン核施設攻撃の可能性が繰り返し噂されたことに対して、国民の動揺を抑えるための国内対策の面を有していることは言うまでもない。

（3）海外諸勢力との連携

安全保障戦略の要

革命後、革命ガードが中心になって築き上げてきた域内における友好国・友好勢力との協力・連携関係は、イランの域内戦略の要である。

イラン革命はイスラーム革命であり、本来はイラン1国に限定されるものではなくイスラーム世界全体に波及されるべきものであった。しかし、イランのような革命が他の国でも自動的に起こるはずはない。当初は文化・治安組織として発足した革命ガードの海外部隊〈ゴッツ軍団〉が、革命前からの人的関係を手掛かりに築き上げた主として各国のシーア派関係者との協力関係は、その後本来のイスラーム革命の推進というよりも、むしろイランの安全保障上のカードとして生きることになる〈レバノンのアマル、ヘズボッラー、イラクのシーア派諸派、アフガニスタンのハザラ族〈シーア派〉や北部同盟〈タジク人：スンニ派であるが反ターレバンの立場でイランと一致〉など〉。

イランの東西の隣国であるアフガニスタンとイラクにおいては、相次いで米国を中心とする多国籍、あるいは有志連合軍による大規模軍事作戦が展開され、イランにとっては具体的な軍事的脅威に直面する状況となった。

その際、イランがそれまで培ってきたイラクやアフガニスタンにおけるシーア派を中心とする勢力との緊密な関係が、米国に対するイランの牽制カードとして生きた。

イランと米国が、域内の治安問題で協力ないし協力の可能性を話しあったケースがこれまで２つある。１つは、２００１年９月米国における同時多発テロ事件後のアフガニスタンにおけるアルカイダ掃討作戦とその後のアフガンにおける暫定政権樹立に向けた政治プロセスにおける両国の協力であり、２つはイラクにおけるサダム・フセイン政権崩壊後の混乱状況の中での治安回復のための両国の協力可能性についてである。

前者のアフガンでの協力は、その直後の２００２年1月年頭教書でブッシュ大統領が、イランをイラク・北朝鮮と並んで「悪の枢軸」と名指したことで頓挫するなど、これらケースにおける米国とイランの協力に向けた動きは限定的なものであったが、米国が両国におけるイランの影響力を認めたものに他ならない。

イランが自国の核施設への軍事攻撃を叫ぶイスラエルに対して概して本気で取り上げようとしないのは、友好勢力との連携関係がイスラエルに対しての抑止力として働いているとの認識からであろう。[注2]

シリアとの特殊な関係

これら友好勢力の中で最も重要なのはシリアとヘズボッラーであろう。ベラーヤティ最高指導者外交顧問（元外相）は、「ヘズボッラーによるイスラエルとの33日戦争における勝利は、（イランからの支援物資輸送のための）シリアの補給上の支援なくしてはあり得なかった」と述べ、その戦略的価値を強調している。

シリアは対イスラエル抵抗戦線の最前線にあるとともに、イラン・イラク戦争中、イランを支援した唯一のアラブの国であった。[注3]

イラクとの戦争中、革命ガード相を務めたラフィグドウスト氏は次のようなエピソードを語っている（２０１２年８月）。

「東西冷戦下、東側に属する東欧諸国（ブルガリア・ハンガリー・ポーランド）までもが、イランへの直接の軍事物資供与を憚る中で、これら諸国からの軍事物資を受け入れてイランへの受渡しルートになってくれたのがシリアである。自分（ラフィグドウスト革命ガード相）は当時、しばしばシリアを訪れて協力を求めたが、東欧からの軍事物資を受け入れるためにダマスカス空港の一角にあるターミナルと倉庫を直ちに貸し与えてくれたのは、アサド大統領（父）であった。アサド大統領はまた、中国から4～5種類の弾薬の到着が遅れ（イランが占拠したイラク領内の）ファオ半島が陥落しかねなかった時、手持ち分の弾薬を一時貸し与えてくれた。自分（ラフィグドウスト革命ガード相）は夜間シリアに連絡を取り、数時間後には10機の輸送機をダマスカスに飛ばして10日分1000トンの弾薬を手に入れた」

本来なら洩らされるはずもない最高の軍事機密が披露されるのも、2012年以降シリア内戦の泥沼化により立場が著しく悪化したバシャール・アサド大統領（子）に対するイランの支援戦略の一環であろうが、それは同時に両国の安全保障関係の絆の深さを示すものである。

イランにとってのシリアの重要性は、ベラーヤティ最高指導者外交顧問（元外相）がいう通りシリアそのものの価値に加えてシリアを通じてレバノンのヘズボッラーへの支援が可能になることであるが、その結果シリアを失えばヘズボッラーとの関係にも支障が生じかねない。

ハラーズィ最高指導者外交顧問（元外相）の兄弟であり元外交官（駐仏大使）のセイエド・サーデグ・ハラーズィ氏は、雑誌とのインタビューで次のように述べている（2012年7月）。

「イランにとり、シリアは抵抗戦線の要石である。バシャール・アサドは間違いを犯したが、そのために戦略的な同盟者を見放してよいことにはならない。世界の覇権勢力は（アサド打倒により）抵抗戦線の象徴・要石を除去しようと狙っており、その後はレバノンのヘズボッラーの武装解除であり、最後はイラン（の体制崩壊）の番である」

同人の立場を考えれば、それは最高指導者の認識に近いのではあるまいか。

湾岸諸国（特にサウジアラビアとカタール）に加えてトルコ・エジプトがバシャール・アサド大統領退陣を求める中で、イランは逆にアサド大統領支持を明確にし、アサドによる改革の実施とそのための反政府勢力との対話実施を主張している。イラン自らシリア問題解決のためのイニシアティブとして、2012年8月テヘランで有志国会議を開催したり、ムルシ・エジプト大統領の呼び掛けに応じて4か国協議（他にトルコとサウジアラビア、ただし後者は乗り気でない）に参加するなど、イランもシリア問題解決のために話し合い路線を生かそうと必死である（その後のオバマ米大統領によるシリアへの限定的軍事行動に向けた動きに対するイランの対応については前述）。これも、自らが安全保障上の危機に追い込まれた時には対話に前向きに取り組み、柔軟性の発揮や妥協にも応じるというイランの従来の交渉パターンと見られなくもない。

シリア問題をめぐる対話路線が膠着する中で、イランはシリアに対して軍事支援を除くあらゆる支援を惜しまないと公言し、シリアへの経済制裁が強化されシリア原油の輸出が困難になって以降は（2011年8月）、石油の提供も含めた経済面の支援を強化するとともに、治安対策上のアドバイスに加えて準軍事要員（ミリシア）の訓練やその装備支援も行っている。両国関係者の往来も、経済閣僚も含めて頻繁である。ロンドンのエコノミスト誌（2013年3月20日号）は、イランからバシャール・アサド政権への支援総額を100億ドルと見積もっている。

前門の虎（核問題をめぐる制裁を含む欧米の脅威）、後門の狼（シリア・アサド政権の崩壊）というべきであろうが、シリア問題に関して最高指導者が公に語ることは、核問題に比較すればはるかに少ない。膝下にある革命ガードによる対応に部外者の口を極力挟ませないとの立場からであろう。

【注】

1　ハータモル・アンビヤー防空作戦本部は、イスラエルからの軍事攻撃の脅威が増す中で最高指導者の指示の下、２００８年独立した組織として設立された。現在全国に３６００か所の拠点を有する。

2　もっともイスラエルによる軍事攻撃の可能性をイランの指導者が内心懸念していることは、演説における強い言葉とは裏腹に最高指導者が、イスラエルが直接射程に入る２０００キロ以上の長距離ミサイルの開発を認めないといった事実からも読みとれよう。

3　シリアにとって、イラン支持はそもそも敵対するイスラエルとの関係やライバル関係にあるイラクとの二国間関係に由来する戦略的なものであった。

第4章　イラン核疑惑問題——行き詰まりと変化への兆し

２００２年8月、イランの反体制組織「モジャーヘディン・ハルグ」が、イラン国内において核開発施設の建設が進行中としてイランの秘密核開発計画を暴露した。これに端を発するイランの核疑惑問題は、イラン国内における政治状況とも密接に結びつき、イランと国際社会との関係における中心的争点となっていく。秘密核開発計画の暴露以降、イラン核疑惑問題は時の経過とともに複雑さを増しイラン・国際社会双方にとって解決に向けての動きがとりにくくなる中で、ここでは、1．イラン核疑惑問題をめぐるイランと国際社会のやり取りの経緯と、2．イランと国際社会双方の事情・立場を整理の上、3．（ロウハーニ政権登場前の）核問題の行き詰まりと変化への兆し見ておきたい。

1．核疑惑問題をめぐるイランと国際社会のやり取り

（1）イラン核疑惑問題の初期段階

ウラン濃縮活動の一時停止と再開

イラン反体制派による秘密計画暴露後、米国は衛星写真によってイラン領内での核施設建設の動きを確認した。さらに翌２００３年2月エルバラダイ国際原子力機関（ＩＡＥＡ）事務局長がイランを

訪問し関連施設の視察を行ったのを始め、ＩＡＥＡによる査察結果は、同年6月ＩＡＥＡ理事会に事務局長報告として提出された。報告ではイランの核兵器開発計画を示唆する事実が記述され、イランに対しては計画の即時停止と全体の事実確認を行うよう求めた。この間（2002年8月の秘密計画暴露と2003年6月のＩＡＥＡ事務局長報告の間）、2003年3月にはイラクの核疑惑を理由とする米国を中心とする有志連合によるイラク進攻が実施される。

イランにしてみれば、米国での9・11同時多発テロ事件後におけるアフガニスタン侵攻に続いて、国境を接する東西の隣国で米国のすさまじい軍事力を目の当たりにすることになる。それが大きな契機となって、イランは欧州（英仏独の3か国＝ＥＵ3）の働きかけに応じて、2003年10月ＩＡＥＡに対して修正申告を行った。申告の中では、ＩＡＥＡに申告することなくウランの濃縮実験を行ったこと、少量のプルトニウムを抽出したこと、ウランの転換実験を行ったことを認めた。またイランは、ウラン濃縮活動を一時停止するとともに（2003年11月）、ＩＡＥＡとの間で「追加議定書」を結び抜き打ち査察を受け入れる用意があることを表明した（同12月署名）。

これらの動きは核問題解決の好機であったが、米国のその後のイラクでの苦戦を尻目にイランは次第に対立姿勢を強める。

米国の情報機関が発表した情報によれば、「イランは、2003年秋から核兵器計画を停止しているとみられる」（2007年12月）が、これはイランが核関連技術の開発を放棄したことを意味しない。

特にイランの核疑惑問題が国連安全保障理事会に付託される動きを前に、2006年2月イランはウラン濃縮活動の一時停止とＩＡＥＡの抜き打ち査察を認める「追加議定書」を反古とし、以降は安保理で制裁関連決議が採択されるたびにイランは反発し、却ってウラン濃縮を中心とする核関連活動を拡大・強化した。

すなわちウラン濃縮活動の一時停止とIAEAによる追加的査察受け入れを決定して以降（2003年11月・12月）、2006年2月これら約束を反故にするまでのおよそ2年強の期間を除けば、イランは一貫してウラン濃縮技術の向上と濃縮ウランの蓄積、それに関連する活動（ウラン転換や遠心分離器の製造）や重水炉の建設に努めてきた。上記濃縮活動の一時停止期間中にも、関連活動は継続された。そうした努力の成果は、2006年4月低濃度濃縮ウラン（3・6％）、2010年2月中濃度濃縮ウラン（20％）の製造成功につながった。

「アメ」と「ムチ」

イラン核疑惑問題解決に向けた国際社会の努力は、まず革命後のイランと大きな係りを有したEU（代表として英仏独の3か国）が中心となって、「アメ」を梃にしてイランへの働きかけが行われた。革命後の在テヘラン米国大使館占拠人質事件に関連してイランと国交を絶った米国は、アフガニスタンでの軍事行動に続くイラク進攻に忙殺されており、イランへの働きかけに当初は直接関与することはなかったが、イラン核問題に対して最も厳しい態度を取ったのは米国である。

イランは、核疑惑問題で米国が軍事攻撃を実施したイラクの隣国であり、しかもイラクと相前後しての核疑惑問題の発覚である。米国は早い段階からイランの核問題を、強制的措置をとる能力のないIAEAから制裁実施能力を有する国連安保理に付託することを目論んだ（すなわち「ムチ」を優先）。

米国の軍事力と強硬姿勢を前に、イランとＥＵ（英仏独）の間ではイランと国際社会との関係を決定的に決裂させまいとの共通利害が働く。英仏独３か国側からは、イランの核関連活動の停止を求めて外交的働きかけが繰り返される。その手始めが２００３年10月、３か国外相によるテヘラン訪問であるが、以下イランの核関連活動の拡大強化と同時進行で進められた外交的やり取りの模様を見ておく。

２００３年９月ＩＡＥＡ理事会は、イラン核問題の調査開始後１年経過するにもかかわらず解明が進まないことに「重大な懸念」を表明する決議を発した。これに反発するイランとイラン核問題の安保理付託を主張する米国との狭間に立ち、英仏独の３か国外相はテヘランでの交渉において、イランがウラン濃縮活動を停止し（ＩＡＥＡによる抜き打ち査察実施を可能にする）「追加議定書」に署名するならば、（ア）ＥＵはイランとの貿易協定交渉を再開する、（イ）米国にイラン関係の見直し、なかんずく「悪の枢軸」からイランを除外するよう働きかける、（ウ）イランの世界貿易機関（ＷＴＯ）加盟を支持するなどの「アメ」を約束したと伝えられる。

ＥＵ側の働きかけに応じて、上述の通り２００３年10月イランはウラン濃縮活動の一時停止とＩＡＥＡによる抜き打ち査察の受け入れに合意（テヘラン宣言）したが、その後もＩＡＥＡ理事会は査察活動に対するイランの協力が不十分として非難を続けた。これに反発してイランはウラン転換や遠心分離器の製造など関連活動を再開した（２００４年９月、ＩＡＥＡ理事会への事務局長報告）。２００４年10月、再度テヘランを訪れた３か国外相は、イランがウラン濃縮関連活動を停止すれば、実験用軽水炉の提供（プルトニウム抽出が容易な実験用重水炉建設計画を放棄することが条件）や経済支援を行うことを約束した。

同年12月からは、イランと3か国の間で核問題の長期的な解決を目指す協議が始まった。

2005年3月米国のライス国務長官は、イランの核開発計画断念と引き換えに米国はイランのWTO加盟申請反対を取り下げ（2005年5月、世界貿易機関〈WTO〉はイランの加盟協議開始を決定）、またイランの民間航空機への機材供与について緩和措置を取る用意があることを表明した。同時にEU側も、イラン側の対応次第ではイラン核問題の国連安保理付託を認めると表明し、米とEU双方が「アメ」と「ムチ」の両方の政策をとることで歩調を合わせた。これが、その後のイラン核問題に対する「共通の戦略」構築へ向けての布石となる。

2005年8月、英仏独の3か国は包括的解決を目指す新提案を行ったが、提案はイランに核燃料の供給を保証する代わりにウラン濃縮を事実上認めない内容とされる。またイランがアラクでの重水炉建設を中止する代わりに、EU側が中央アジア諸国の欧州向けガス輸送の中心となるパイプラインをイラン経由とする案を支持することや、イランの安全保障上の問題解決への協力も謳われているとされる。

しかし同年6月、イラン大統領選挙で急進派のアフマディネジャード大統領が当選し（就任は8月）、イランは強硬姿勢を強めることになる。2006年2月IAEA緊急理事会を控えて、アフマディネジャード大統領はウラン濃縮活動の本格的再開と、前年12月イラン議会が採択した「査察制限法」（IAEAによる抜き打ち査察への協力停止）の執行を命令した。同時にIAEA緊急理事会は、イランの核計画には「完全な透明性が、なお必要不可欠」としイランの核問題を国連安保理に付託することを決議した。

これを受けて国連安全保障理事会は、イランによる核活動の完全停止を求める議長声明を採択した（議長声明は、強制措置を伴うものではない）。4月にはイランが低濃縮ウラン（3・6％）の製造に成功したと発表したことでイラン・EU間の相互信頼関係が傷つく一方、イラン核問題の安保理付託に成功した米国は、イランによるウラン濃縮活動の完全停止を条件にイランとの交渉に参加する用意があることを表明した（「P5（安保理常任理事国5か国）＋1（独）」の交渉枠組み、EU3＋3とも呼ばれる）。

2006年6月、ソラナEU共通外交・安全保障上級代表はイランを訪問し、米国も参画してまとめたP5＋1による「包括的見返り案」を正式に提示する。「包括的見返り案」には、イランがウラン濃縮活動停止に応じれば、米欧製の民間航空機の部品禁輸の解除や他国との共同管理による軽水炉建設支援に加えて、米国による農業技術支援などが含まれると報じられた。

同時に「ムチ」としては、翌7月国連安保理が、ウラン濃縮及び関連活動を継続・強化しているイランに対してその全面的停止を求めるとともに、イランがこれに従わない場合の経済制裁措置実施に初めて言及する決議を採択した。これに反発したイランは、8月P5＋1による上記の「包括的見返り案」を拒否し、その代わりに問題解決のための「新たな形式」を提案した。その後、国連安保理の要請もイランは拒否した。

イラン側提案では、イランの核問題を（強制的措置がとれる）安保理では扱わないことを条件にウランの濃縮活動停止について交渉可能であること、またIAEAによる抜き打ち検査を可能にする「追加議定書」を再び履行する用意があること、いかなる軍事侵攻や脅しも排除すべきであること（イランの体制の存続保障）、イスラエルにNPT加盟を働き掛けることなどが含まれていると報じられた。[注1]

イランの強硬姿勢の背景には、折からイランが支援するレバノン・ヘズボッラーのイスラエルとの「33日戦争」における善戦、イラン側によればその「歴史的勝利」に鼓舞された点も指摘される。また、米国は安保理決議に先立って、イランの銀行とのドル取引を実質上禁止する措置など独自制裁を強化し始める（2006年8月、「イラン制裁法」の成立）。

（2）国連安全保障理事会による制裁実施

2006年12月国連安保理は、[注2]非軍事的制裁を規定した国連憲章第7章第41条に基づいて、すべての加盟国に対してイランへの核・ミサイル関連物資や技術の禁輸を義務付ける決議を採択し（安保理決議第1737号）、イランの核問題は安保理による制裁の実施という新たな段階に入る。

安保理決議では、イラン原子力庁など10団体とイラン軍関係者・核関連施設幹部12名の個人リストを添付し、それら機関・個人の海外資産の凍結や関係者の自国への入国・通過を警戒するよう加盟国に求めた。以降、このリストは新たに決議が採択されるごとに拡大されていく。

2007年3月安保理は、イランが新たに濃縮装置を設置するなど引き続き活動を拡大しているとのIAEA報告を踏まえて、再度の制裁決議を採択する（安保理決議第1747号）。決議には、イランへのすべての武器輸出の禁止に加えてイラン政府に対する人道・開発目的以外の新規資金援助の禁止が含まれた。

2度にわたる安保理決議にもかかわらず、イランがこれら決議を無視してウランの濃縮活動を拡大・強化する中で、イランの核疑惑問題の解決を模索する動きがＩＡＥＡとイランの間で進められていく。

２００７年8月両者は、イランとの間の未解決の問題決着のためにＩＡＥＡによる査察を強化する「作業計画」に合意した。ＩＡＥＡ理事会に提出されたエルバラダイ事務局長報告によれば、「作業計画」においてはまず、「（イラン中部の）ナタンズの濃縮施設での査察方法を詰め」「高性能遠心分離器開発問題の決着を図った」後、続いて段階的に「高濃縮ウラン検出問題、核弾道の製造見取り図といわれる金属ウラン関連文書、弾道ミサイル開発と関連が指摘される〝グリーンソルト〟計画といった未決着の問題を解決していく」と述べられている。しかし、２００８年2月ＩＡＥＡ理事会への事務局長報告は、「過去の核関連疑惑は一部を除き解消された」と評価しつつも、ウラン濃縮活動は引き続き拡大していると指摘した。

これを受けて国連安保理は、３度目となる制裁決議を採択し制裁内容を強化する（２００８年３月、安保理決議第１８０３号）。制裁決議では、新たにイランの貨物用航空機・船舶の検査実施を加盟国に呼びかけている。

ＩＡＥＡとの「作業計画」に従った疑惑解明の努力も問題解決とはならず、また安保理の累次の制裁決議や米欧による独自制裁の流れも視野に、２００８年5月イランは問題解決のための「包括提案」を行い、また6月にはソラナＥＵ共通外交・安全保障上級代表がテヘランを訪問して、Ｐ５＋１側からの「見返り案」を提示した（ＥＵはこの後、イラン最大の商業銀行をＥＵ域内の活動から締め出すことを決定）。

イランの「包括提案」の中には核燃料製造の国際管理案が含まれ、Ｐ５＋１の「見返り案」には

写真5　テヘラン市内西部にある“世紀の塔（ボルジェ・ミーラード）”の展望台からながめた市内の様子。写真右端にテヘラン実験用原子炉のドーム状屋根が見られる。（写真：中村法子撮影）

新たにアフガニスタンの麻薬問題にたいするイランへの協力が含まれた。イスラエルによるイラン核施設への軍事攻撃が取りざたされる中で、7月米国が初めて直接参加する形で、イランとP5＋1の交渉が行われるが、目立った進展もなく動きにも欠ける中で、2009年9月イランはP5＋1に対し、原子力分野での多国間協力を含む「包括提案」を改めて呈示したが肝心なウラン濃縮活動の停止は含まれず、また時を同じくして、イランは2か所目となるウラン濃縮施設を建設中であることをIAEAに通告した（コム近郊のフォルド）。

イランと国際社会との交渉が空回りし、またイランの核関連技術の開発は着実に前進していく中で、革命前より存在するテヘランの実験用原子炉に必要な燃料と、燃料製造に必要な20％濃縮ウランが問題となっていく。イランは、テヘランの実験用原子炉で放射線治療などに使うアイソトープを製造していたが、２００９年５月ＩＡＥＡに対して実験用原子炉の核燃料が残り少なくなったとして協力を要請した（燃料は、アルゼンチンより供給を受けたもの）。

２００９年10月ジュネーブでの核燃料供給問題に関するＰ５＋１との交渉では、イランは、製造済の低濃縮ウランの一部を第三国で加工処理し核燃料とした上でテヘランに持ち帰り実験用原子炉で使用する構想に合意した。その実施案作成のためにウイーンで、ＩＡＥＡが作成した草案を基に実務レベルの交渉が行われた。草案は、イランがナタンズで製造した１・５トンの低濃縮ウラン（３・５％）のうち１・２トンを年内に国外に搬出し、ロシアで20％に濃縮した後さらに仏で軍事転用しにくい燃料棒に加工した上で、イランに戻し治療用の放射性物質製造に使用される、との内容と見られる。しかし、イラン国内ではこの構想に対する抵抗が強く、結局２０１０年１月イランは低濃縮ウランを国外に持ち出すのではなく、交換場所をイラン国内にすべきであると回答して、この構想は頓挫した。続いて２０１０年２月、イランは20％濃縮ウランの製造に成功したと発表して、低濃縮ウランと核燃料の交換構想は実質的な意味を失った。

それでも５月には、テヘランでブラジル・ルラ大統領とトルコ・エルドアン首相の仲介により、アフマディネジャード大統領との間で低濃縮ウランと燃料棒の交換に関する「テヘラン宣言」（２０１０年５月）に署名がなされた。それによれば、イランは、１・２トンの低濃縮ウランをトルコに搬出しＩＡＥＡの管理下に置いた上で、仏露米などが合意すれば、国外で20％に濃縮の上加工された核燃料棒１２０キロを受けとることに合意したが、米国はこれを拒否した。

すでに国連安保理ではさらなる制裁の議論が進み、2010年6月安保理は、イランがコム近郊（フォルド）の地下深くに新たにウラン濃縮施設を建設したことや20％濃縮ウランを製造したことに対して改めて「深刻な懸念」を表明した上で、4度目となるイラン制裁決議案を採択する（安保理決議第1929号）。資産凍結対象リストに革命ガードや国営海運会社関連企業40社と1個人を追加するとともに、核やミサイルの開発に関連しているという信頼できる情報があれば、イランの金融機関などの支店開設を禁止するよう加盟国に要請し、加えて疑わしい船舶の検査について、船舶所属国の同意を得れば公海上でも関連物資を押収できるとの権利を加盟国に付与した。決議は、制裁の目的を達成するために加盟国が有効と考える「付随的（追加的）」措置をとることも慫慂している。

米国は、直ちにイランの銀行・海運会社などを新たに金融制裁の対象に追加するとともに、各国にも制裁強化を呼びかけた。

EUは、イランの石油・ガス関連分野での投資や設備・技術の供与を禁止するとともに、EU・イラン間に就行する船舶・航空機への活動制限などを決定した。

ロシアは、イランに対し約束済みの地対空ミサイル「S300」の納入中止を決めた。

筆者がイランに赴任したのは、イランの核疑惑問題がこうして行き着くところまで行った段階であった。「行き着くところまで」という意味は、イランは目的とする原子力の平和利用のための基本的な核技術を手に入れたし、また国際社会も国連の枠内で現実的に可能な制裁措置をほぼ動員し尽くしたことである（国連安保理を通じるこれ以上の制裁強化は、制裁に関する「原則論」に基づく露中の反対で実際上困難と見られている）。もっとも、安保理決議第1929号により各国が追加的制裁措置をとることは可能であり、事実その後の展開は、米欧が主導する各国の「付随的措置」によって制裁体制が格段に強化される。

2. イラン・国際社会それぞれの事情・立場

イランの核開発計画が暴露されてからほぼ8年間にわたるイランと国際社会の攻防を略述してきたが、そこで目を引くのはイランによる原子力平和利用のための権利へのこだわりであり、核技術開発に対する変わる事なき執念である。また、イラン核問題への米国の極めて厳しい対応、および欧州（EU）の粘り強い関与政策も目に付く。イランの核疑惑問題に対するそれぞれの立場・事情を次に見ておこう。

（1）イラン――核の平和的利用の権利に対するこだわり

苦渋の決断

イランは、なぜ核技術開発に乗り出したのか。また核兵器開発の意図なきことを表明して以降も、原子力の平和利用に関する権利にこだわり核関連技術の開発に執拗に取り組むのはなぜなのか。

イランが秘密の核開発計画に着手した時期は、イランが２００３年10月にＩＡＥＡへの修正申告で未申告の活動の存在を認めた時点から遡ること18年前である。それはちょうど、イラクとの戦争の最中である1985年に当たる。当時イランを取り巻く国際環境はどうであったか。戦争当初のイラクの攻勢に続くイランの反転攻勢の中で焦燥を強めるサダム・フセイン・イラク大統領は、1984年2月イラク国内の不安分子であるクルド族に対して毒ガスを使用する。それは続いてイラン兵にも使用される。さらにイラクは、1985年3月圧倒的に優勢な空軍力を生かして、テヘランをはじめとするイランへの都市攻撃を再開する。

当時、イランのトップの指導者たちがこの2つの出来事を結び付けて、ある日（狂気にかられた）サダム・フセインがテヘランないし他のイランの都市の上空に毒ガスをまき散らす挙に出かねないのを深刻に懸念したであろうことは想像に難くない。当時国際的に全く孤立していたイランは、イラクによる毒ガス使用に対する国際社会のぬるま湯的な対応を見て、テヘランあるいは地方のイラン都市が毒ガスで攻撃されても、国際社会はサダム・フセインを本格的に処罰することはないと考えたようにみられる。この時、イスラーム共和国体制の護持のためには究極の安全保障として核兵器保有が必要悪であるとの苦渋の決断が密かになされたのであろう、と筆者は想像する。

その後の革命ガードを中心とする核・ミサイル関連の装置や機材、技術獲得のための秘密裏の活動については、AL・J・ベンターによる労作がある（『イランの核オプション：テヘランの原爆を求めて』2005年、米CASEMATE社刊）。

イラン・イラク戦争終結後も、域内においてはサダム・フセイン・イラク大統領によるクエート侵攻を機とする第一次湾岸戦争、さらには21世紀に入ってからの2度にわたる大規模軍事作戦（アフガニスタンとイラク）と都合3度にわたって米軍を中心とする巨大な軍事力が進駐し、イランにとっては直接的な軍事的脅威と隣り合わせになる。特にイランの核疑惑問題が浮上した後1年余の比較的短い期間にイランがその事実を正式に認めたのは（ＩＡＥＡに申告せずに核開発事業を進めた事実：核兵器開発計画であると認めたわけではない）、後の核問題をめぐるイランと欧米との一進一退の交渉振りを考えれば異例に素早いイラン側の譲歩といえるが、すでに述べたように、この間に同じ核疑惑問題を機に米国他がイラクに侵攻し、当初圧倒的な軍事力で電光石火の勝利を収めたことと無関係ではない。その軍事力の矛先が次にはイランに向かいかねないことをイランの指導者たちが深刻に懸念したとしても、不思議ではなかろう。秘密裏に進めた核開発計画の存在を容認したのは（同時に核兵器開発計画の放棄）、体制の護持・安全保障のための戦術であったといえる。

事実、後刻ハーメネイ最高指導者は、預言者ムハンマドの故事を引いて大きな戦いに勝利するために時に一歩退くことは何も敗北ではない、むしろ最終的勝利のためには時に必要な戦術であると述べて、当初のイラン側譲歩（ウラン濃縮の一時停止やＩＡＥＡによる抜き打ち査察を認める「追加議定書」署名）を擁護している。

筆者はイランの関係者が、「核燃料サイクル」[注3]確立のための技術開発を推進するのは原子力の平和利用のためであるが、必要となれば核兵器を製造できる技術的能力を培うこと、いわゆる「日本モデル」が念頭にあると語るのを聞いたことがあるが、本音であろう。

核問題に対する基本的態度

イランの核問題に対する基本的態度は、体制の存続・護持の観点からとらえればわかりやすい。核開発は当初の安全保障上の観点に加えて、時の経過と共にイラン国内での政治・経済上の意味も重要となる。革命から3分の1世紀・1世代の時間が経過する中で、すでに人口の3分の2は革命や戦争を直接知らない世代である。しかも、情報・通信技術の急速な進歩や欧米にたくさんいる親族を通じて、世界の出来事や情報はイラン国内にも簡単に流れ込む。そうした中で、宗教指導者を最高指導者とする特異な体制に対して国民を惹きつけ、国民の支持を維持・確保するにはどうすべきか、すなわち革命や戦争勝利に代わる新たな体制の正統性をいかに確立するかが問題となる。もはや、革命を成功に導いたとか、イラクからの侵略戦争に勝利したというだけでは、国民を引っ張ってはいけない。やはり、経済を発展させその成果を国民に均霑する必要があるし、国民に誇りを与えその精神を鼓舞するものが不可欠になる。

核技術開発における目覚しい成果と、米国をはじめとする世界の大国との核交渉において一歩も引かずに堂々と渡り合うすがたは（イランのマスコミは、P5＋1を世界の大国と形容する）、国民に誇りを与え士気を鼓舞するための格好の材料となる。

革命後米国からは一貫して制裁措置を受け、しかも近年は国連安保理の決議に基づく制裁も加わる中で、イランが経済発展を続け国づくりを進めるためには、域内の他の産油国のように石油をできるだけ売りその資金で国際社会からの協力を最大限導入して開発を加速するというやり方にはおのずと限界がある。イランにとっては限られた外国の資本や技術を活用しながらも、自ら科学・技術の振興に努め産業・軍事への応用を進める以外途はなかった。イランには幸いそのための格好の下地があった。

イラクとの戦争は、国際社会がこぞってイラクを支援する中でイランにとって孤立無援の戦いであったが、それは戦争遂行のための武器や軍事技術の開発、戦争支援のためのインフラ工事、さらには後方支援の場での開発や産業の発展をすべて独力で進めなければならないことを意味した。こうした厳しい条件下でのイラクとの戦争に「負けなかった」ことは、イラン人に豊かな経験とともに大きな自信を与えたはずである。

イラクとの戦争終結後も域内に存続する外的・軍事的脅威と国内で繰り返される権力闘争を前に、体制の指導者たちは国民に対して、米国を筆頭とする大国による体制転覆の試みに警戒を促し団結を呼びかける。そうした扇動的な政策がイランの国際社会での孤立化を深める一方で、その分イラン人自らの努力による科学・技術開発の促進と産業の振興に力が入り、その成果を意識的に誇示していくことになる。

黒いターバンを巻いた法衣のハーメネイ最高指導者が、演説の中でしばしば現代科学・技術の先端分野でのイランの成果に言及し国民の士気を鼓舞する姿を見るにつけ、当初筆者はその組み合わせに違和感を抱かざるを得なかった（黒いターバンは預言者やその後の12代のイマームに血統が連なることを示す。そうでない宗教関係者は白いターバンを着す）。科学・技術の発展とそれを応用した産業の振興をイラン人自らの手で成し遂げ（発展）、国際社会の脅しには屈しない（独立）というのが、ハーメネイ体制下の国づくりの基本であり（体制の正統性の補強）、その成果は国民の目にもはっきりと感じられるところまできた。そうした科学・技術の発展と独立の象徴が、核関連分野での開発成果であり、核交渉で大国に一歩も引けをとらない交渉態度である。

こうした政策が国民に支持されていることは、テヘランの新聞がキャリーした米国の調査会社の数字にもはっきり示されている。例えば、2013年2月米のギャロップ社が、イラン国内各地のイラン人1000人に電話で行った世論調査では、イランに対する経済制裁が強化される中でイランは自らの核開発努力を維持すべきかとの問いに対して、回答したイラン人の63％がイエス、17％がノー、答えたくないが19％であった。また、制裁に関して米政府を非難するか、イラン政府を非難するかとの問いには、5：1の割合で前者を非難するものが圧倒的に多かった。

以上で明らかであろうが、国際社会からの圧力にもめげず科学・技術の発展を促し、核技術の開発成果を誇示して国民を鼓舞してきた後では、体制指導者にとって核問題における安易な妥協、すなわち国際法上認められる核の平和的利用の権利（すなわち〝NPT条約〈核拡散防止条約〉〟やIAEAの定款で認められる加盟国の権利）を放棄して国際社会との妥協を図ることは、体制の自殺行為にも等しい状況ができ上がっている、といえる。また国内政治的に言えば、諸組織・グループの間で政治・経済・社会・外交あらゆる分野の問題が権力争いの材料とされかねない中で、核問題については強いコンセンサスがあり、これにあえて手を加えることは（すなわち大胆な譲歩を行うこと）、寝た子を起こしかねない危うさを孕むものであることも繰り返しておこう。

（2）米国――人質事件とイスラエルとの緊張関係

米国の「トラウマ」

米国のイランとの関係は複雑である。シャー時代のイランは、東西冷戦下域内において米国が信頼する同盟国であり、米国は域内全体の安全保障の要であるイランに最新鋭兵器の供与も憚からなかった。そうした武器を運用・訓練するために、革命前には４万人もの米国の軍人や軍属、その家族がイランに滞在したが、彼らに対する特権・免除問題、特にこれら米国人が犯罪を犯してもイランの裁判権に服す義務がない点こそ、イラン人、殊に知識人や学生の間に大きな反感や反発を生み、それを放任するシャーへの強い反対の契機になっている。

革命後の１９７９年11月、「ホメイニ師路線を支持する学生グループ」が在テヘラン米国大使館を占拠し米国の外交官を４４４日間にわたって人質にとった事件は、革命そのもの以上にその後のイラン・米関係を抜本的に変える契機となった。当時、コムに引きこもり事件の様子をテレビで見ていたホメイニ師は、元々そうした国際法違反の行為を容認しない立場であったが、占拠人質事件を支持する国民がテヘランのみならず全国から米国大使館周辺に続々押し寄せ、人の波が瞬く間に大きなうねりになっていく様子をじっと観察していた。そして、これを支持すると表明した。この瞬間に、その後のイスラーム共和国体制のあり方を決定づける楔が打ち込まれた、といっても過言ではなかろう。この結果、対米関係の改善を模索していたバザルガン暫定政府は辞職を余儀なくされ、イランと米国の関係は歴史的に最悪の段階に入っていく。在テヘラン米国大使館占拠人質事件は、米国が中東地域で最重要の戦略的パートナーを決定的に失う瞬間であったばかりでなく（その後米国はイランとの国交を断絶）、米国民の間にその後今日に至るまで大きな「トラウマ」（心の傷）となってうずき続ける。

２０１１年11月テヘランの英国大使館において同じような襲撃事件が発生した際に、米国議会が激しく反発しイラン制裁措置が一挙にエスカレートしていく重大な契機となったが、その動きはこうした米国民の心理的状況を無視しては理解しがたい。

シャー体制を支えた米国は、人質事件以降イランにとって体制存続上最大の脅威という位置付となり、それは必然的にイランに2つの動きを促す。すなわち、一方において域内（中東・湾岸地域）における米国の権益・影響力を牽制するための手がかり・手段を強化する試みであり、他方において、国内における反米感情を煽りそれを体制の求心力として生かそうとする努力である。第2部第3章で述べたレバノン（ヘズボッラー）やシリア、イラクやアフガニスタンなどにおけるイランの勢力扶植は、域内における米国への牽制の役割を果たしている。

加えて域内における米国の最大の同盟国であるイスラエルは、イランにとっては米国と並ぶ域内における最大の軍事的脅威であり、特にイランの核疑惑問題が浮上してからは、イスラエルによるイラン核施設攻撃の可能性が繰り返し取りざたされる。

そもそも、イスラーム教徒にとっての聖地でもあるエルサレムを占拠するイスラエルは、イスラームを国教とするイランの敵でもあり、エルサレム奪回を叫びパレスチナの戦いを支援することは、イランにとって宗教的イデオロギー上の帰結である。パレスチナの大義を支援することで、アラブ世界における民衆レベルでのイラン人気も期待できる。

しかし、実際上はイランの安全保障上の脅威としてのイスラエルの方がはるかに重大であり、その観点からいえば今やレバノンにおけるヘズボッラーやシリアはイランにとっての戦略的パートナー・同盟国であり、米国のみならずイスラエルによるイランへの軍事攻撃に対する抑止力ともなっている。

後者、すなわち反米感情を体制の求心力として生かそうとする努力は、今日なおハーメネイ最高指導者が米国の陰謀について繰り返し語っていることや、金曜集団礼拝のたびごとに「米国に死を」とのスローガンが叫ばれ続けていることで知られよう。

そのようなイランの行動に、米国の「トラウマ」は癒されることがない。

イスラエルとの綱引き

イスラエルの安全保障に重大なかかわりを持つイランの核問題に関する米国の立場は、核不拡散の原則的立場に加えて、同盟国イスラエルの重大な脅威として、この脅威からイスラエルを守り抜くとの立場である。その点は米側が繰り返し強調するところであるが、両国のイラン核問題に対する足並みは不協和音に満ちている。オバマ大統領の再選選挙にあたる２０１２年には、大統領選挙の推移と絡んで米国とイスラエルの立場や取り組みの相違と対立が顕在化する。イスラエルのネタンヤフー首相は米国内の政治状況に働きかけて、[注4]イラン核施設への米国との共同軍事行動実施を画策し、大統領選挙を間近に控えた同年9月の国連総会では、イランが２０１３年春から夏にかけて核兵器開発に必要な量の高濃縮ウランを入手するとして危機感を煽った。

オバマ大統領とネタンヤフー首相の間には、イランの核問題をめぐって2つの基本的立場・見方の相違が見られる。１つは、イランの核開発がどの段階まで進んだ時を真の危機ととらえるかの問題であり、それとも関連するが2つは、イランの核問題解決のための時間的枠組みをどう設定するかである。

前者に関して米国は、イランが核兵器開発を決定する時を真の危機段階と考えるのに対して、イスラエルはイランが核兵器開発の能力を獲得した段階を危機と主張する。[注5]こうした認識の相違を背景に、米国は外交交渉による解決の可能性が残っているとするのに対して、イスラエルは残された時間はわずかであり、軍事的オプションの行使時期を明確にするよう米国に圧力をかけ続けた。注6

米大統領選挙では、イラン核関連施設への軍事攻撃を積極的に支持する共和党候補が敗北を喫したことで軍事的オプションの実施可能性は先送りされたが、大統領選挙の年における1年間にわたる米・イスラエルのイラン核問題をめぐる対立に関連して、２０１２年11月米大統領選挙の直前にイラン情報省が面白い報告書を発表している。米国も、中東における有数の情報機関と認める相手である。

イラン情報省の報告書ではまず、米国の大統領選挙の年（２０１２年）を通じたイラン核施設軍事攻撃に関する米・イスラエル両国のやり取りと背景を詳しく分析した後で、イスラエルは米国の支持と支援なくしてはイランの核施設に対し意味のある攻撃はできないこと、ネタンヤフー首相始めイスラエルの政治家の心理として歴史に汚名を残しかねない決断はできないこと等を理由に挙げて、ネタンヤフー首相の脅かしの狙いは大統領選挙の年という米国の特異な国内政治状況を利用して、米国をイランへの軍事攻撃に巻き込むことであったがこの試みは成功しなかった、と結論している。論調は、どちらかというとオバマ大統領の再選を期待する風のものであった。

報告書は、米国の軍事介入、すなわち米国との直接的軍事衝突は何としても避けたいとのイラン側の安全保障観が背後に透けて見えるものであった。イランは、核問題の究極の交渉相手は米国と認識している。

米国にとって、イランの核問題は3分の1世紀前の在テヘラン米国大使館占拠人質事件のトラウマ（心の傷）とイスラエルとの関係に密接に絡んでいる。

（3）欧州——対米関係

欧州諸国のイランへの立場も、複雑である。第2次世界大戦後英国に代わってイランにおいて圧倒的な存在感を有していた米国が、イラン革命後（実際には米国大使館占拠人質事件に関連し、人質救出のための軍事作戦が失敗した後）イランから完全に撤退した。その結果、イラクとの戦争終結後のイランによる国際社会復帰への動きと活発化した復興・開発活動の中で漁夫の利を収めたのが、独仏を中心とする欧州諸国であった。イランへの経済制裁が強化される前の２０１１年の段階では、ＥＵ諸国がイランとの貿易や人の往来で最大のパートナーであった。同年は、中国が欧州諸国に追いつき追い越そうとしていた時期でもあるが、ＥＵ諸国と中国は２０１１年のイランとの往復の貿易額が各々３００億ドル、イラン人へのビザ発給数も各々15万程度で拮抗していた。ＥＵ諸国は人権問題などでイランを厳しく批判する中で、イランとの伝統的な関係を生かして実利はしっかり握っていた。

ＥＵ諸国は、イラクの核疑惑問題を理由とする米国のイラク進攻をめぐって、米国寄りの英国と証拠不十分とする仏独が内部で対立した挙句、ＥＵと米国との関係も緊張を高めぎくしゃくする。そうした背景の中で、イランの核開発計画が発覚する。こちらは当事者のイランが、ＩＡＥＡに未申告の活動であったこと（違反であること）を認めている。ＥＵを代表する英仏独がイランとの核疑惑をめぐる交渉を当初から主導し、米国が実質的に交渉に参加するようになった２００６年以降も今日に至るまで積極的に役割を担う背景には、二重の意味での米国との関係の調整という側面がのぞかれる（ＥＵがイランからの米国退場により中心的立場にあったこと、イラク進攻をめぐるＥＵと米国の対立の余波）。

ロウハーニ師は大統領に選出される以前に、自らが核交渉を主導した時代（2003年10月～2005年8月）を回想し、「国家安全保障と核外交」というタイトルの大部の本を出版している。そこでは、EU3か国の内特に仏独がイランの核問題解決に積極的に動いた背景として、不十分な証拠で米国によるイラク進攻を許した苦い経験から、同じ核疑惑問題を武力ではなく交渉によって解決できることをなんとしても示し、そうすることで傷ついたEUの威信を回復しようと図った、と分析している。ロウハーニ師はまた英国について、イラクと同じ軍事的冒険を犯すことはぜひ避けたいとの思いから仏独に従ったと述べている。さらに、EU3か国外相に途中から加わるソラナEU共通外交・安全保障上級代表についても、伊・スペイン・蘭等交渉に加わりたがるEU諸国の関与を排除するために、EU3か国はソラナEU上級代表の参加を渋々認めたと、記している。

もっとも、イラン核疑惑問題の解決を目指すEUの当初の積極的立場も、イラン核問題を安保理に持ち込むことを主張する米国の強硬論に振り回され、イランとの交渉が混迷を続ける中でイランと米国の間に挟まれて身動きの取れないものとなっていく。イラン側の中心的関心もあくまで米国との関係・その立場にある中で、英仏が主導する形でEUの対イラン制裁に対する立場も硬化していき、それに反発する形でテヘランの英国大使館襲撃破壊事件が発生した。この事件を契機にして、EUとイランの関係も革命後最も厳しいものになっていく。

３．原則固持と変化への兆し

核疑惑問題をめぐるイランと国際社会とのマラソン交渉は10年を超えたが、その流れはロウハーニ政権登場を機に前後２つの段階に大きく分けられる。その分岐点となるのは、当事者双方（特にイランと米国）の間に問題解決に向けた強い政治的意思が存在するか否かである。

核疑惑問題発覚（２００２年）以降ロウハーニ政権発足（２０１３年）前の段階では、イランはまず当初の危機を乗り越えた（米軍ほかのイラク進攻がイランまで及ぶ危惧）後、核開発の基礎になる技術を着実に手にする一方、イランに対する制裁措置も国連の枠組みではこれ以上無理という段階まで来た。そのあと国連決議に基づく欧米主導の付随的（追加的）制裁措置が効果を発揮し、制裁が初めてイラン経済や国民生活に深刻な影響を与えるに至る。

国際社会からの圧力の高まりに対して、イランは核関連施設の拡充や核技術の開発、濃縮ウランの蓄積など核の「平和的利用」のための努力を加速すると共に、軍事演習や各種ミサイルの開発実験を繰り返すことで自らの立場を鼓舞し、同時に交渉の場においては終始、平和利用のための核開発に関するイランの権利について一切妥協の余地はないと主張している。４度目の安保理決議に基づく追加的制裁措置実施（制裁強化）の段階までは遅々として進まなかった交渉であるが、制裁強化の効果が顕在化し国民経済への圧迫が否定しがたいものになるにつれて徐々に変化を見せ始め、交渉の中身も具体化していく。その過程で明らかになっていくイランの最大関心事項は、ウラン濃縮を含めた核の平和的利用の権利を国際社会に正式に認めさせることと制裁解除に対する強い期待の２点である。ロウハーニ政権の登場により、本格的交渉の動きが一挙に加速されるが、その下地はそれ以前に準備されていたと言える。そこでまず、追加的制裁措置すなわち制裁強化が実現した背景を見ていく。

（１）制裁強化の背景

国連安全保障理事会によるイランに対する制裁決議はこれ以上無理という段階まで来たが、それによってイラン経済に深刻な影響がもたらされたとは必ずしも言い難い。実際は４つ目の安保理制裁決議採択から１年半を経過した２０１２年初以降、すなわち有志国によるイランへの制裁が追加・強化されたことで、イラン経済や国民生活への影響が急速に顕在化していく。

２０１０年６月採択されたイラン核問題に関する４つ目の国連安保理制裁決議では、制裁目的達成のために加盟国が付随的措置を実施するよう慫慂《しょうよう》されており、これに基づいて米欧他諸国は追加的措置を取り始めるが、核心的な措置に迫るところまではいかない。そこまで盛り上がるためには、いくつかの舞台装置が必要であった。２０１１年11月それらが同時に訪れた。

１つは、ＩＡＥＡの天野事務局長が理事会に提出した報告において詳細な資料を添付した上で、イランの核開発における「軍事的側面の可能性」を指摘したことである。従来のＩＡＥＡの立場、すなわち「査察結果からはイランが核兵器開発を行っているという証拠はないが、ただし全く白ということも証明できない」との立場は維持しつつ、イランによる核技術の軍事利用の疑いを強く匂わす立場に一歩踏み込んだ。報告書の添付に疑わしいいくつかの具体的事例が記述されたが、以降のＩＡＥＡとイランの査察強化に向けた交渉においてＩＡＥＡ側が強く求めたのは、テヘラン郊外のパルチンに所在する軍事地区に建設された高性能爆弾の爆発に耐えうる大型施設への査察である。ＩＡＥＡは、そこでイランが核爆発を引き起こす実験を行ったのではないかと疑っている。

もう１つは同じ月末、英国による制裁強化などその反イラン的立場に抗議してなされた在テヘラン英国大使館施設に対するデモにより、施設の破壊がもたらされ英国外交官の生命が脅かされた事件である。この結果、英国は外交使節の引き上げを決定した。大使館施設の破壊の模様は詳しく報道されたから、英国や欧州諸国のみならず米国議会で大きな反響を引き起こした。

以上２つの出来事が相乗作用を起こして、欧米社会では、核開発を続けるイランは国際法無視の暴力行為を放任し、革命当初に米国大使館占拠人質事件を許した当時と変わらない無責任な国とのイメージが、再度盛り上がる契機となった。

この事件の前に米国は、イランの体制と関係する在米のイラン人による在米・サウジアラビア大使暗殺未遂事件を取り上げて、反イランのキャンペーンを張り制裁強化の流れを造ろうと躍起になっていた矢先での出来事である。米国にしてみれば、相手（イラン）の敵失に助けられる形で目的を果たす結果になった（イラン政府は、暗殺未遂事件へのイラン政府関係者の関与を強く否定した。事実この事件の顛末は、イランへの制裁強化が実現されて以降は話題にもなっていない）。

在テヘラン英国大使館襲撃破壊事件では、ハーメネイ最高指導者もアフマディネジャード大統領いずれも襲撃者たちの主張（米国の補完勢力としての英国によるイラン内政への干渉やイランに対する敵対的措置への非難・抗議）を否定することはできず、沈黙を余儀なくされた。ラーリジャーニ国会議長は、襲撃者たちの主張を肯定しつつ、その実行手段に対して法に基づいて行動すべきであったと諫めるのみである。

ここで蛇足を承知の上で一言付け加えると、イラン国会にも勇気ある良識の士はおり、「高々数百人の輩（襲撃者）の不法な行為によって、７５００万の国民が人質に取られるようなことがあってはならない」と主張した議員がいた。

いずれにしてもその後の１と月の間に、イランへの制裁の歴史の中で最も効果的なイラン原油の輸入禁止（ＥＵ）とドルを介したイランとの金融取引の大幅抑制（米）という２つの措置を中心に、イラン経済への制裁圧力が急速に強化される。イラン経済の悪化と平仄を合わせるようにＰ５＋１とイランの交渉にも少しずつ弾みがついていくが、その前にこの交渉と並行して進められたイランとＩＡＥＡの核施設査察をめぐる交渉の流れを見ておく。

（２）２つの交渉の行方

核疑惑問題をめぐるイランと国際社会の交渉は、２つの流れが並行して進められてきた。ＩＡＥＡによるイランの核関連施設への査察をめぐる交渉と、ＥＵ３（のちにＥＵ３＋３、ないしはＰ５＋１）との交渉である。

このうち前者のＩＡＥＡとの交渉ではイランは、核開発計画における疑惑の諸点はエルバラダイ事務局長時代にイランとＩＡＥＡとの間で結ばれた「作業計画」（２００７年）に基づく解明作業の結果、疑惑は解決されたとの立場である。

天野ＩＡＥＡ事務局長が新たに指摘した「軍事的側面の可能性」を解明するための査察活動強化に先立ってイランは、まずは査察実施の枠組み・モダリティに関する合意を図ることに固執し実態解明には乗り気でない様子であった。もとよりＩＡＥＡによる査察強化はＰ５＋１との交渉に不可分に係るものであり、イラン側にしてみればこちらだけ先行させるわけにはいかない。ＩＡＥＡによる査察活動だけ強化されて、イランの核開発に関する権利の承認や制裁解除が伴わなければ国内的に指弾されることは必至であるし、肝心要なＰ５＋１との交渉で生かせる駒も失いかねない。そこで具体的な疑惑の中身についての交渉に入る前に、時間稼ぎとも見られるＩＡＥＡとの査察交渉の枠組み・モダリティの合意にこだわっている。どの事項を交渉・査察の対象とするのかの問題に加えて、交渉の進め方について、１つ１つの事項を片づけていき決着済の事項に再び戻ることはしないこと、その結果最後の事項の決着がついた時はすべてが解決というやり方を主張した。最終的な解決に向けて全体の道筋をはっきりさせてから個別の事項に入るというアプローチであり、同じ問題を繰り返し穿り返されてはかなわないとの思惑が背後に感じられるが、他方問題の全体像が明らかになっていないイランの核問題で、こうしたアプローチにＩＡＥＡが慎重にならざるを得ないのは当然であり、両者の交渉は期待通りには進展しなかった。

交渉におけるイランのこうしたアプローチの仕方は、Ｐ５＋１との交渉の場合も同じである。２０１２年４・５・６月、毎月開催場所をイスタンブール・バグダード・モスクワと変えて実施された両者の交渉は、イスタンブールにおける交渉の原則への合意（お互いが相手とバランスのとれた措置を取りあう相互主義と、合意事項を段階的に進めて実施する漸進主義）、バグダードにおけるP5＋1側による信頼醸成措置にかかわる提案、モスクワにおけるイラン側による包括的提案へと進み、その後モスクワでは専門家レベルでの協議で双方の提案を検討し理解を深めた。双方が具体的に提案を行うのは交渉プロセスの一歩前進とはいえ、その基本的立場やアプローチの違いは明白である。

P5＋1側の立場は、イランによるウランの20％濃縮活動の禁止と地下深くに位置するフォルド・ウラン濃縮施設の活動停止と引き換えに、信頼醸成措置としていくつかの譲歩措置（民間航空機部品の供与など）を提案するものである。他方イランの提案は、双方がとるべき5段階の措置を明確にし各段階において相手がとるべき措置の実行を確認しつつ前に進めていくとの立場で、信頼醸成措置も含めて制裁の完全撤廃を視野に入れた全体像をまず合意すべきというものであった。P5＋1側の立場はあくまでも信頼醸成措置、すなわちファースト・ステップであり、そこにはイランの核開発の権利（基より平和的利用のための）を直接的に認めることや、制裁の本格的撤廃は言及されていない。18年間核開発計画を隠し続け、その後も透明さが欠けるイランの核計画に対する不信感に加えて、交渉上手なイラン相手という思いもあって、P5＋1側の態度は慎重が上にも慎重といわざるを得ないが、もとより故ある理由であり交渉が一挙に進展することを期待する方が無理というものである。

隔靴掻痒の感がある交渉にしびれを切らす欧米に対して、交渉の継続を熱心に働きかけたのはP5＋1におけるロシアであり、またイラン自身であった。イランのそうした態度は、制裁の効果を抜きにしては考えられまい。

そうしたイラン側の空気（変化）を察して、２０１２年2月カザフスタンのアルマータでの交渉では、Ｐ５＋１側が従来の基本的立場は踏まえつつも一歩踏み込んだ提案をした。

報道によれば、イランによるウランの20％濃縮活動停止と引き換えに、Ｐ５＋１側はこれまで製造・蓄積された20％濃縮ウランのうちテヘランの実験用原子炉で必要とされる分については国内で燃料棒に加工することを認める、それ以外の20％濃縮ウランは国外に搬出されてＩＡＥＡの管理下に置かれる、フォルドの地下濃縮施設については規模を縮小する、その他査察強化のための措置などが盛られ、イランが今後６か月以内にこれら措置を実施するならば、Ｐ５＋１側は金や貴金属、石油化学製品の禁輸を撤廃する、また米国製イラン民間航空機への安全検査実施や部品供給を認めるというもので、信頼醸成措置の域を出るものではないもののイラン側も一定の評価をする内容であった。

慎重居士のジャリリ・イラン側交渉代表（国家外交安全保障最高評議会書記）は、会議後の記者会見で次のように評価している。

「今回Ｐ５＋１側は、イランがモスクワで行った包括的な解決案を踏まえていくつかの提案を行った。従来のものと比べれば現実的であり、我々の立場に近づこうとする努力が見られる。これを前向きな動きとしてとらえるが、もとより我々の立場とは依然大きな隔たりがある。20％ウラン濃縮はＮＰＴ条約に基づくイランの権利である（従って権利を放棄することはあり得ない）が、必要を満たすためにそれをイラン自身で生産するか、あるいは国際協力に頼るかは交渉の余地がある。（ここで信頼醸成に言及し、信頼醸成の一側面はイラン国民の信頼を得ることであり、そのためにはイラン国民への敵対的態度を改める必要があるとした上で）信頼醸成における重要な問題の１つは制裁であるが、今回彼ら（Ｐ５＋１）はこの問

写真６　ハーメネイ最高指導者。　（写真：イラン聖戦顕彰保存出版会）

題に言及した。彼らが制裁解除の話に入ったこと自体は前向きの態度であるが、それはイラン側の取る措置とバランスしたものでなければならない。今回のP５＋１側の提案は、イランの核開発に関する（平和的利用の）権利を認めることを前提としたものである。あるいは、イランのそうした権利を否定するもではなかった」

ジャリリ代表はさらに続けて、P５＋１側の態度が戦略の変更を示すものであり今後現実的態度で協力のための話し合いを続けていく用意があるなら、（これまでの長い交渉の）転換点になりうるとまで言っている。

（3）最高指導者の立場

これに対して対米関係と核問題についての最終判断は自分（最高指導者）の責任であ

る、と明言しているハーメネイ最高指導者の反応ははるかに慎重である。

２０１３年２月、第49回ミュンヘン安全保障会議に出席した米国のバイデン副大統領が、「我々はこれまでもイランの指導部に対して直接交渉する用意があることを表明してきたが、この提案は今も生きている」と述べて、第２期オバマ政権の発足に当たってイラン側に、核問題をめぐる直接交渉を働きかけた。同会議に出席していたサーレヒ外相は早速反応して、２国間の話し合いの基礎は相互の信頼関係であり米国との間で信頼関係を築くことは極めて困難であるが、米国の新政権は今度こそイランに対する過去の態度を変えようとしている、と述べて（核問題に関する米国との２国間交渉に）期待を表明した。

しかし、最高指導者の態度は対米関係であれ核問題であれ、極めて警戒的である。２０１３年２月の２つの出来事（米国からの２国間交渉に関する提案とアルマータでのＰ５＋１側からの新しいアプローチ）に対して、最高指導者は短い期間に繰り返し正面から取り上げて発言しているので詳細に紹介しておこう。

対米関係

イラン・米直接交渉に関する最高指導者の発言は、以下の通りである。

「米国の提案は目新しいものではない。彼らの言葉より実際の行動を見ることが重要である。制裁・圧力を加えつつ話し合いとは、何の意味があるのか。４年前には、結果を予断せずに米国との直接交渉を認めたが（イラクの治安問題に関して）、その後も米国による陰謀や反体制派支援は続き、イランの原子力科学者へのテロ行為はその最たるものである。米国は制裁をもってイラン国民（経済）を麻痺させると言っているがこれが善意を示すものなのか、善意なしの交渉がうまくいくはずはない。米国は、この60年間我々を裏切り続けてきた。(石油国有化を実行した) モサッデク博士の政権をクーデタで転覆したのも、シャー体制の暴虐の限りを支えてきたのも米国であり、最近でもアフガニスタンでイランが米国に協力した矢先に、イランを〝悪の枢軸〟呼ばわりする等、数えあげればきりがない」(2月7日の空軍関係者との会見)。

続いて2月17日、タブリーズ市民代表との会合で、最高指導者は再び米国との2国間交渉問題を取り上げて、こう述べている。

「米国の政治家の言動を子細に見れば、常に自己矛盾に満ち論理性に欠ける (二枚舌)。(まず人権問題を例にとり、ガンタナモ基地・(イラクの) アルガリブ刑務所・アフガニスタン・パキスタンでの米国による人権侵害を見よといった後)、米国は核兵器に反対といって11年前にイラクに侵攻したが、どうであったか。また、イスラエルの核兵器保有を支持しているではないか。

(民主主義についても米国の二枚舌は同様で、米国は域内で最も国民中心の体制であるイランを非難する一方、選挙をしたこともない国を支援していると非難し、続いて数日前米国大統領が、イランの核兵器保有は許さないと発言したことに触れて) イランが核兵器を保有しようとすれば、米国はそれを妨げることはできない。しかし、イランはそうした意図は有さない。それは、核兵器が人類に対する犯罪であるとのイランの信念に基づくものであり、なにも米国を喜ばすためではない。米国は、ウランの濃縮や核エネルギーの平和利用というイラン国民の明らかな権利を妨げようとしている。イラン国民の権利を蹂躙しようとする努力は、米国が論理に欠けるという明確な証拠であり、これでは真面目な交渉はできない。米国は、核問題を材料に自国やシオニスト配下のマスコミを使って世界やイランの世論をだまそうとしている。世界のマスコミは我々の立場を十分に伝えないし時には事実と反対に伝えるから、自分（最高指導者）はイランのマスコミにしか話をしない。

米国がイランとの直接対話を提案するのは、域内のイスラーム教徒たちに対して、イラン・イスラーム共和国もこれまであらゆる困難に立ち向かってきたが、とうとう和平の交渉の席に着かざるを得なくなった（そこまで追い込まれてしまった）、と言いたいからである。米国の交渉の意図は、相手に自らの非論理的な見解を受けいれさせること、相手を屈服させること以外にない。過去15年間、米国は２～３回緊急に協議が必要といって、いくつかの問題でイランとの直接交渉を求めてきた。１～２度政府関係者を送って話をさせたが、イラン側の論理的な主張を前に彼らは匙を投げてしまった。あるいは、メディアを使ってイラン側が交渉を打ち切ったように見せかけた。

（今回も）米国は、２国間の直接交渉の後には制裁解除がくるように思わせて、制裁に不満を高めるイラン国民がこうした期待に飛びつき自国の責任者に交渉に向けた圧力をかける、と勝手に思い込んでいる。彼らの制裁の目的は、イラン国民を疲れさせて体制から離反させることである。しかし、圧力や制裁で国民を膝まずかせることができると考えるなら、間違いである。もとより、イラン国民は繁栄や発展、豊かな生活を求めているが、それを屈辱的な方法で手にするつもりはない。国民がインフレやその他の困難に不満がないわけではない、特に貧しい階層は完全な困難に直面している。しかし、過日のバフマン月22日（革命）記念日における大行進の盛り上がりは、イラン国民のイスラーム共和国体制支持を明確に示すものであった。

米国が力の行使を控え、イラン国民の権利を尊重し、（2009年の）大統領選挙の時のようにイラン国内の問題に干渉するのを止め、域内での火遊びを止めるならば、それを米国の善意を示すものと解しよう。そうすれば、我々も善意を持って答えよう」

長い引用となったが、対米関係にかかわる最高指導者の基本的認識・考え方である。

P5＋1側の新しいアプローチ

3月7日、最高指導者はアルマータでのP5＋1側の立場について、専門家会議（最高指導者の任免権を有する）が任期2年の議長選出を行った機会に関係者と会見した際、こう評価（批判）している。

「西側は、譲歩といえるような重要なことをしたわけではない。イラン国民の権利のほんの一部を認めたに過ぎない。彼らの誠実さを評価するためには、今後の出方を見なければならない。

制裁の目的は表向き核問題であるが、真の狙いは長期目的の達成であり、イスラーム共和国体制にイラン国民の背を向けさせることに制裁の本当の目的がある。

彼らはイラン国民を知らず、計算間違いをしている。かつて、20％濃縮ウランの問題で奇妙なルートを提案してきた（2009年10月、イランは3・5％濃縮ウランの国外搬出に合意した。3・5％濃縮ウランをイラン国外に搬出しロシアで20％に濃縮の上、さらに仏で燃料棒に加工した後イランに戻すとの案であるが、その後イランは翻意した）。こうしたルートでは核燃料棒の入手可能性は実際上ゼロであり、イランは受け入れなかった。そこで彼らは国際世論を欺くために別の計画を提示してきた。すなわち、米国大統領はトルコ首相とブラジル大統領に仲介を頼み、両国首脳が中間案を提示してきた。自分（最高指導者）は、この案は結構だが米国が受け入れないだろうと述べた。案の定そのようになった（2010年5月イラン・トルコ・ブラジル3か国首脳による「テヘラン宣言」への署名と米国によるその受入れ拒否）。

ここでの教訓は、20％濃縮ウランへの西側の協力案は（実際は実現できないアイディアであり、真の狙いはイランに20％濃縮ウランを製造させないための）制裁行為も同然であること、その結果は逆にイランが自ら20％ウラン濃縮技術を獲得する契機になったことである。圧力があればこそ、それをイランにとっての機会や利益に換えることができる」

相手に対する不信感に満ちた発言であるが、同時に核問題への最高指導者の精通ぶりが伺える。

イラン新年に際しての演説

以上で米国との2国間交渉とP5＋1側からの「現実的提案」に対する最高指導者の立場・考え方は十分明らかになったと思われるが、なおも足りぬと考えたのか、最高指導者はマシャッド・イマーム・レザー廟における巡礼者たちを前にした新年恒例の演説で持論をたっぷりと繰り返している（2013年3月21日）。一部を引用しよう。最高指導者の考え方を知る上で参考となろう。

「昨年は（イラン暦1391年：2012年3／4月～）、敵たちにとって忙しい年であった。彼らは制裁でイランを麻痺させるといった。敵とは誰か、革命後の34年間、敵と聞けばイラン国民の頭には直ちに米国政府が浮かぶ。他にも敵はいるが一級の敵ではない」

「1391年初から（西暦2012年3／4月〜）、米国は新しい立場を取り始めた。（イランとの）友好を唱え、我々に書簡やメッセージを送ってきたりマスコミに（イランとの友好を）語る。しかし、米国は実際には、イランやイラン国民に厳しく当たっている。昨年初（イラン暦1391年）より制裁を強化し、石油・銀行・金融取引に厳しい制裁を科している。これはブッシュ政権末期からの現象であるが、ビロードの手袋の中に刃物を隠し持っているのと同じことだ。米国はイランとの石油や金融取引を阻止させるために、各国に特使を派遣した。訪問先の国の企業のトップにも働きかけてイランとの石油にかかわる経済取引を止めさせようとし、いうことを聞かない者を罰しようとした」

「敵たちの努力は（イランに）マイナスの影響をもたらしたが、1つの大きな（プラスの）影響も残した。それは、イラン国民の内なる可能性を開花させる契機になった点である。たくさんのインフラ事業の実施、新しい油田やウラン鉱脈の発見、製油所や発電所の建設、科学・技術分野などで大きな成果があげられた。ナヒード衛星の打ち上げ、生物を乗せたピーシュガーム探査機の大気圏外打ち上げ、また最新鋭戦闘機も生産した。保健・医療技術面でも大きな成果を収めた。バイオテクノロジー分野ではイランは今や域内1番であるし、ナノテクノロジーでも同様である。水・環境・iPS・新エネルギー・薬用植物・核エネルギー、いずれの分野でも大きな進歩を達成した。経済における弱点は国民に苦しみを与えたが、経済が唯一の問題というわけではない。科学・技術の進歩は特に重要であり、すべての基礎・基本となる。国が科学で進歩すれば、それに続く仕事はすべて容易になる。イラン国民はあらゆる分野で前進することで、米国の下で生きていかなくとも後進国に留まるものではないことを示した」

「米国はいろいろなルートを通じて我々に核問題の交渉を直接やろうと言ってくる。自分（最高指導者）はこの交渉に楽観的になれない。彼らの意図は、自分たちの主張を認めさせることにあるからである。我々は押しつけには屈しない。

米国は、〝イスラーム体制の変更を求めるものではない〟と繰り返しメッセージを送ってくる。これに対して我々は、そんなこと（体制変更）をわれわれ（イラン）は気にしていない、米国はこれまでも（イランの体制変更を）求めてもできなかったではないか、と言いたい。

米国はまた、筋を通し誠意をもって交渉すると言ってくるが、これに対しても我々は言いたい。（イランは）何度も核兵器を求めるものではないと伝えたが、彼ら（米国）は信じないという、そうであればどうして我々が彼らの言うことを信じなければいけないのか、と」

「自分（最高指導者）の見るところ、米国は核問題の解決を望んでいない。彼らが望むなら解決は容易であり、今すぐにでも可能である。米国は、イラン国民のウラン濃縮の権利を認めることもできたはずである。また心配なら、ＩＡＥＡの法的措置を実施することもできた。我々は、最初からＩＡＥＡによる査察の実施やその規則を遵守することに反対はなかった。しかし、問題の解決に近付くと米国はいつも妨害した。

自分（最高指導者）の考えでは、彼ら（米国）の目的は、問題を未解決のままにしておいて、彼らが言っているようにイラン国民を麻痺させるための圧力をかけ続ける口実にすることである。米国が誠実に解決を望むなら、自分は解決法を提示する。米国はイスラーム共和国への敵意、イラン国民への敵意を止めるべきである。この34年間、米国の歴代政権は敵意をむき出しにし、あらゆる画策を続けてきた。敵意ある政策や行動を止めるべきである」

4．イラン側の真意

ハーメネイ最高指導者による核問題、さらにはその背景にある対米関係に関する発言は、強い不信や警戒感を露わにするものであり、国民への語りかけは執拗でさえある。核交渉の当事者であるジャリリ代表とハーメネイ最高指導者との明らかな温度差をどう考えるべきか。ジャリリ代表は、最高指導者の信任も厚く極めて慎重に発言する人であり、その発言は面白味を欠くほどである（筆者もテヘラン在勤中直接話をしたが、その感を深くした）。したがって、抑制された発言の中身は文字通りに受け取ってよさそうである。

他方、最高指導者の立場はどうか。それはもはや後がない位置にあり、判断の結果（誤り）は直ちに体制の安定や存続に響きかねず、また発言におけるニュアンスの違いすら、大きなインパクトをもたらしかねない。すなわち、失敗は絶対に許されないのみならず、発言が間違って受け取られても混乱や困難をもたらす立場にある。最高指導者が従来の厳しいスタンスを変えたと取られかねないような（解決に向けた前向きの）発言をしただけで、国民（国内世論）は一挙にそちらの方向に傾きかねない（対米交渉実施に向けた前向の発言や、核問題解決のためのイラン側譲歩を示唆するような発言）。一旦タガが外れれば、２度と従来の厳しい立場に戻すことは困難となり、対等の立場の維持は難しくなろう。そうなれば、最高指導者自らが述べている通り相手の思うツボである。従って最高指導者は、ぎりぎりの決断を迫られるまでは原則的な立場・発言を維持せざるを得ない（イラン・イラク戦争時の、ホメイニ師の立場や発言に似ている）。その点ジャリリ氏は、交渉の印象を実態に即して述べたということであろう。

最高指導者の意図

そこで次は、ハーメネイ最高指導者の真意が奈辺にあるかである。

最高指導者自身、核問題の解決には対米交渉が不可欠であることを認識している。しかしながら、米国との直接交渉が話題となるだけで解決への期待（制裁解除）が国民の間に膨らみ抑制が利かなくなりかねない現実もよく承知している。これまで国民に述べてきたこととの整合性からも、米国との交渉には慎重たらざるを得ない。

もとより、米国との交渉が全くダメというわけではない。サーレヒ外相は、テーマを明確に限った交渉であれば最高指導者から認められている、と繰り返し述べている。核問題がまさにそうした場合であるが、サーレヒ外相は、米国との外交関係再開のための包括的交渉の実施には最高指導者の新たな明確な指示（支持）が必要になると付言している。制裁強化と経済の悪化とともに最高指導者が、対米関係や核疑惑問題に関する米国の動きに極めて神経質になっていることは、右記の執拗なまでの発言によく表れているが、これら問題に対して最高指導者はいかなる判断を下そうとしているのであろうか。

ハーメネイ最高指導者の使命と責務や関心は、繰り返し述べてきた通りイスラーム共和国体制の存続・維持にあり、そのために2つの点に最も腐心していると言って間違いない。国民の士気を保ち体制への支持を維持すること（いわゆる「国民」の「動員力」の維持）、及び米国との直接の軍事的対峙を回避することの2つである。

最高指導者は、経済の発展や国民生活の向上を図り、併せ国民の士気を鼓舞するために、科学・技術の振興、なかんずく核分野における発展とその成果の誇示に余念がないが、その結果は制裁強化による国民生活への深刻な影響となって、両者の因果関係は誰の目にも明らかになっている。制裁が強化されて1年半余、政府の必死の対策も弥縫策の域を出ずインフレ率が30％の大台に乗る一方で、政府予算は大幅な縮小を余儀なくされ政府が国民への支援を拡大しようにもできない状況になっている。近年増加の著しかった石油に代わる非石油輸出も、イラン暦1391年（西暦2012／13年）には初めて減少に転じている（特に石油化学製品の大幅減少）。経済の悪化と同時に将来の改善への見通しが立たない中で、その解決のためには制裁解除の実現が不可欠であり、いずれ抜本的取り組みが必要なことは多くのイラン人が感じ始めており（核交渉の進展が噂されるだけで、外為市場が大きく反応するなど）、抜本的取り組みの必要性は時間の問題となりつつある。

最高指導者の発言にも、そうした懸念がのぞかれるようになり、しきりと米国の狙いは国民を疲弊させて体制から引き離すこと、と言っている。最高指導者が体制への国民の支持を示すバロメーターとして重視するのが選挙（特に大統領選挙）であるが、最高指導者自身が率先して国民に参加を呼びかけた大統領選挙において、国民が熱心に参加ししかも国際社会との融和を主張するロウハーニ候補を選択したことは、ハーメネイ最高指導者が対米交渉を意味する核交渉妥結に向けて舵を切る大きな切っ掛けになったといえよう。

もっともそうした決断（対米交渉と核問題での妥協）が単に経済だけの要素でなしえないことは明らかである。

イランが決断を迫られる時期・事態という点に関して言えば、これまでの体制による歴史的な決断は米国との軍事的衝突の可能性が著しく高まった時に符合する点を指摘しておきたい。たとえばイラン・イラク戦争におけるイランの停戦受諾、米国他によるイラク侵攻後のイランによる未申告核活動の修正申告などがよく知られるが、前者は、米軍艦船によるイラン航空エアバス機撃墜事件に象徴される米国のイラク加担が露骨になる中で決断された。

イラン・イラク戦争においてはホメイニ師が、「〝悪の元凶（サダム・フセイン・イラク大統領）〟を除去しなければ、いつでも悪は繰り返される。イラン国民は、１００年かかっても最後の血の一滴まで闘う」と言って国民を鼓舞し戦場に送り出したものの、８年かかっても倒せず、最後は「毒を飲むより辛い」と言って停戦のための安保理決議（第５９８号）受入れを表明した先例もある。体制護持のためには合理的な戦略的判断ができるというのが、この体制を3分の1世紀にわたって支えたカギといえよう。

その関連で注目されるのは、２０１3年3月第2期オバマ政権発足後、最初の外遊となったイスラエル訪問でのオバマ大統領の発言である。[注7] ネタンヤフー首相との会談後の記者会見において、大統領は核問題に関する外交交渉をいつまでも続けるわけにはいかないとした上で、イラン側との交渉合意の目途として年内（2013年）という期限に言及した。そのころまでには、イスラエルのみならず米国も残されたオプション（軍事的手段）の活用を真剣に考慮するということであるから、そうなればイランとしても米国との軍事的対峙回避のために戦略的判断を迫られるはずであったが、第1部で述べた通りロウハーニ大統領の登場とオバマ大統領の中東政策を奇貨として、そうした判断は一歩早めになされることになった。

【注】

1　イスラエルは核弾頭を保有しているが、NPTには未加盟であるのでその活動はIAEAの査察対象になっていない。

2　資料1のザリフ・イラン国連常駐代表の演説は、この時のもの。

3　核燃料サイクルとは、ウラン鉱石の採掘・精錬から始まって、転換、遠心分離器による濃縮、核燃料生産、使用済み燃料の再処理及び処分までの一連の活動を指す。イランは最終段階（使用済み燃料の再処理と処分）は自己の計画から除いている。

4　米国におけるイスラエルロビーはしきりとイランの脅威を吹聴し、特に米議会への影響力を行使して制裁強化を画策すると共に、ネタンヤフー首相は米大統領選挙において対イラン強硬派の共和党候補を公然と支援し、米国によるイラン核関連施設への軍事攻撃実施をしきりと煽った。

5　イスラエルのバラク国防相は、上空からの破壊が難しいイランの核関連施設（フォルドの地下ウラン濃縮施設）の建設完了と操業開始の段階を危機と主張した。

6　イスラエルがイランによる核兵器開発に関してアラーミングな予測をするのは今回に限ったわけではない。1992年当時のシモン・ペレス外相が、イランは1999年までに核兵器を開発しようと述べて以降、イスラエルはその都度見通しを先延ばししてきた。

7　オバマ大統領の発言の背景は、第1部第2章3．参照。

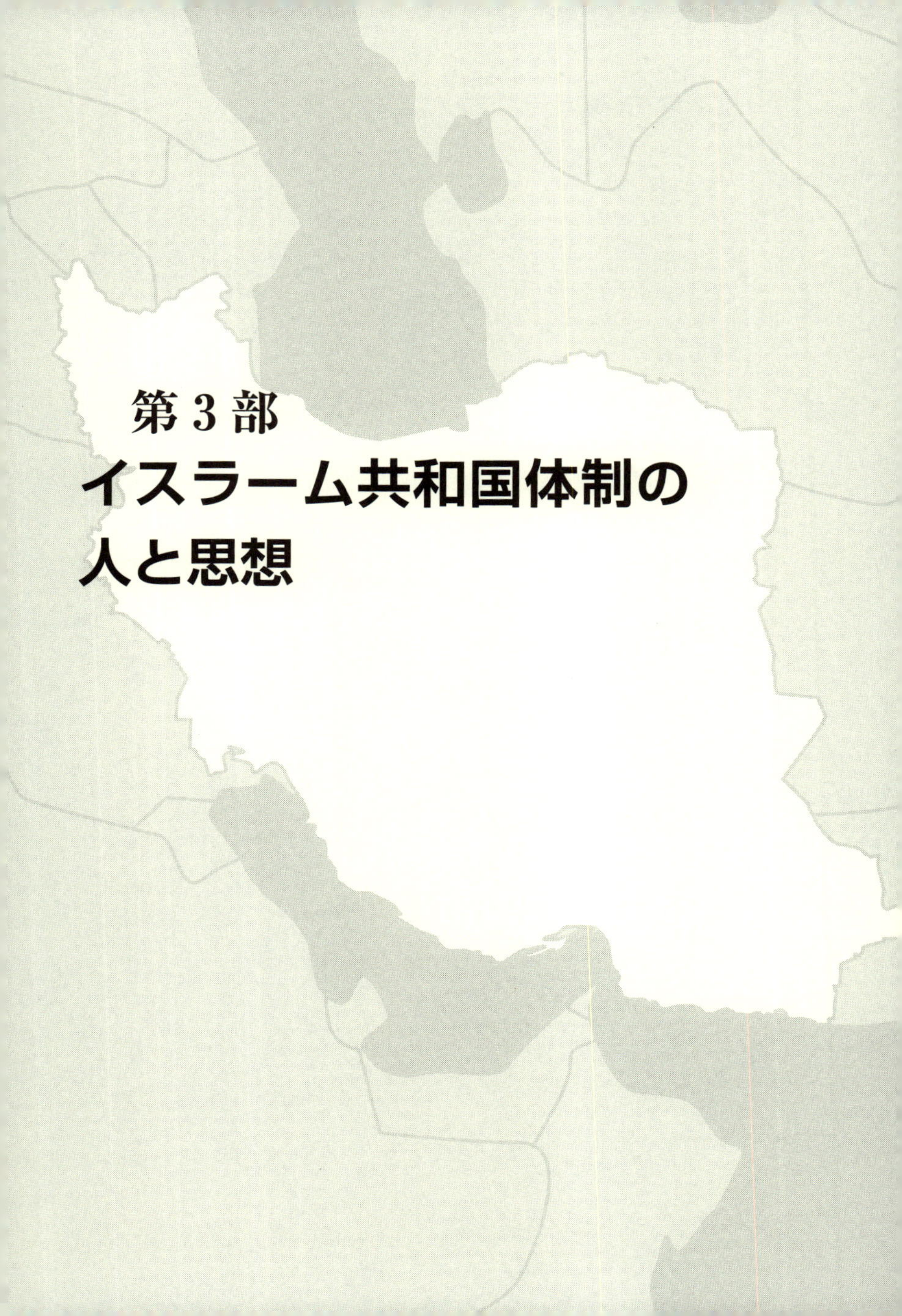

第3部
イスラーム共和国体制の人と思想

筆者は、23年ぶりに訪れたイランの様変わりの光景に最初は戸惑いつつも現地での仕事と生活に追われる中で、社会全体にみなぎる活気やダイナミズムを肌で感じ、その背景にある社会の構造や人々の考え方に興味を持たざるを得なかった。

世界で最初の帝国を築きまたイスラーム文明の発展に大きな貢献を行ったイラン民族は、東西文明交流の交差点に位置するという不可避の運命の下、幾多の文明の興亡を経験した。イラン人は自らの歴史・文化を誇りとするとともに、そうした自負を背景として西欧中心の現代の文明に対する批判・不満の気持ちも強い。革命体制下のイランは、イスラーム主義を掲げつつも、イラン人の強い民族意識を存立の基盤としてさえいる。イラン・イスラーム共和国体制の統治原理となっている「ベラーヤテ・ファギ」からしてそうである。イランの国教であるイスラーム・シーア派12イマーム派の信条、すなわち「隠れイマーム」の再出現までの期間を、「イマーム」を最もよく知る宗教学者がそれにかわって代理統治するとの思想をベースとするものである。イスラームの多数派であるスンニ派がけっして受け入れることのない信条であり、その意味ですぐれてイラン的である。

第3部では、特異とも見られるイランの政治・社会現象が少しでもありのままに理解されるよう、イラン・イスラーム共和国体制に特有のもろもろの側面のうち、宗教指導者である「最高指導者」の存在と意義、最高指導者を中心とする体制を支える形で社会に広く浸透した革命ガードの役割、また最高指導者やアフマディネジャード大統領など指導層の人々がしばしば口にする「国民」の実態、さらにそうした社会構造や体制の背景にあるイラン人のものの見方・考え方（世界観・宗教観）に触れておきたい。

第1章　最高指導者の人となりと考え方

イランの政治・経済・安全保障・核疑惑問題を分析する中で（第2部）、ハーメネイ最高指導者の考え方や役割についてはしばしば触れてきた。特に、対米関係や核疑惑問題に対する立場や軍・革命ガードとの関係については、ここで繰り返す必要もなかろう。そこで以下では、最高指導者が自らの役割をどのように認識しているかという点を中心に、その人となりと考え方を見ておく。

1．最高指導者の役割

イラン・イスラーム共和国憲法における最高指導者の権限は絶大である。実質的に任期は終身である。専門家会議が最高指導者の任免権を有し目付け役になっているが、宗教指導者たちがリードする同会議（国民の選挙で選出される）が、最高指導者に向かって矢を放つ事態は現実的には考えられない。宗教界、司法権、軍・革命ガードを中心とする武装勢力、革命諸機関（巨額の資産を運用し、国民への直接支援を担当）を配下に収め、これら既得権益集団を束ねる形でその上に君臨する最高指導者の権力は、体制随一である。国民の直接選挙で選ばれる大統領が最高指導者にとっても制御しがたい存在になりうることはアフマディネジャード大統領が白日に晒した事実であるが、大統領すら、最高指導者が半数のメンバーを直接任命する憲法擁護評議会により、立候補届者の中から厳選された有資格候補者による選挙で選ばれる。

もっとも、最高指導者が日々の行政に直接かかわるわけではない。現実にも高齢の最高指導者にそのような激務は不可能である。

ハーメネイ最高指導者の統治を一言でいえば、達成したものを護るという保守的色彩の濃いものである。ハーメネイ師は最高指導者とはいっても、重要な進路決定を自ら行ったイスラーム共和国体制の創業者ホメイニ師とも、独裁国家におけるオールマイティな指導者とも異なり（たとえば革命前のシャー）、ホメイニ師から受け継いだ体制の護持を自らの最大の使命・責務と認識し、国民や社会を自らリードしていくというよりもむしろ事態に保守的に対応するといった趣が強い。最高指導者自身こう語っている（２０１１年10月、ケルマンシャーでの集会）。

「最高指導者の責務は、価値体系（イスラーム共和体制）の管理（維持）である。その実施・運営上の責任者は三権の長である。最高指導者はそうした責任者たちの活動を監督し、彼ら（三権の長）が体制の維持に必要な以上にまた許容された範囲を超えて行動しようとすれば、これを阻止することが責務である。三権の責任者たちが合法的な権限に従って自らの責務を遂行する限り、仮に最高指導者は反対であっても（彼らの権限内の事項に）関与することはできない。仮に、彼らの政治的決定が革命を逸脱させることになれば、最高指導者は当然自らの責務に従って行動する」

そこで、体制の護持・価値体系の維持のためには何が必要か。安全保障の分野と同様（第２部第３章）、それは国民を体制（すなわち最高指導者）の側に惹きつけておくことであり（物心両面にわたる支援を通じて、「国民」の「動員力」の維持を図ること）、同時に体制の既得権益集団である宗教界や軍・革命ガードなどの武装勢力をしっかりと掌握することである。安全保障、特に核問題とその背後にある対米関係は体制の護持と価値体系の根幹にかかわる問題であり、最高指導者自らが深く関与し国民への働きかけを活発に行っていることはすでに述べた。

２０１２年初以降核問題にかかわる欧米の制裁が強化され、最高指導者をして仕掛けられた経済戦争と言わしめる段階に至って、最高指導者の経済に関する発言も増加するが、あくまで実際の経済対策は政府を中心とする三権に任せている（システムとしてもそのようになっている。たとえば、安全保障にかかわる国家外交安全保障最高評議会には最高指導者名代が配置されているが、経済関係の各種（最高）評議会には最高指導者名代は置かれていない）。

2．ハーメネイ最高指導者の人となりと基本理念

ハーメネイ最高指導者の人となりやその基本的な考え方は、比較的知られている。しばしば行われる演説では多様な話題が取り上げられるし、また発言がその都度新聞にも掲載されるので、掻い摘んで紹介する。

(1) 変わらぬ人柄

筆者は、第2回目のイラン勤務（1983～87年）となるイラクとの戦争時代、大統領であったハー

メネイ師と日本側関係者との会談の通訳を何度か務めたことがある。

第３回目の大使としての勤務中（２０１０〜12年）には、本邦から元首級のイラン訪問がなかったために直接最高指導者に会う機会はなかったが、毎年６月開催されるホメイニ師命日の大集会に２度ほど招かれて、比較的近くから最高指導者を眺めることができた。注1

その印象からいえば、最高指導者の人柄には昔とあまり変化はないようである。当時も今も、話すべき内容をあらかじめしっかり頭の中にいれて理路整然と喋る姿は変わらない。メモ用紙を片手に時々それに目をやりながらの演説であるが、演説原稿を読み上げるといったことはない。２０１２年２月、「アラブの春」のもたらす昂揚感の中で実施されたテヘランでの金曜集団礼拝では、通常のペルシア語での説教後30分にわたってアラビア語で演説を行ったが、それが原稿を読み上げる唯一の機会であった。

金曜集団礼拝やホメイニ師廟での大集会に限らず通常の会見でも、最高指導者はしばしば演説を行うが、原稿なしで１時間くらい喋ることが多い。精神的にも肉体的にも、最高指導者として脂がのった時期という感じである。

ハーメネイ師の最高指導者就任はホメイニ師死去直後であるから（ホメイニ師死去は、昭和天皇ご崩御と同じ年）、日本の平成と同じ時代を、２期８年を全うした３代の大統領と共に歩んできたことになる。アフマディネジャード大統領との狐と狸のばかしあいにも似た権力闘争を制して、体制を主導する上での自信といったものが昨今の言動から感じられる。

20余年の間に、最高指導者の力は相対的に強化されていると感じられる。そうした中でハーメネイ最高指導者は、自らに欠けるカリスマ性の代わりに庶民性・誠実さ・謙虚さ・豊かな知識・知性といった地味な性格をむしろ前面に押し出して、国民（低所得層と若い知識人層）へのアピールを狙っているようにさえ見える。

最高指導者としての立場も安定してくれば、それを持ち上げようとする動きも強くなる。たとえば、集会において出席者（聴衆）から神やイマーム（シーア派イスラーム教徒にとっては、預言者をも超える存在である）に形容される言葉が、最高指導者に投げかけられることがある。すると決まって最高指導者は、それをたしなめてから演説を始める。

２０１２年２月カスピ海の町ノウシャフルでの海軍関係者との会見では、出席者が最高指導者を預言者ノアに譬えて（旧約聖書中のノアの箱舟のノア）、「大波も嵐も、あなた（最高指導者）が我々のノアであるから怖くない」との自作の詩を読み上げた際など、直ちに最高指導者は、それらの賛辞は「隠れイマーム」への呼び掛けにこそふさわしいが、自分（最高指導者）のような小さな欠点だらけの人間に使えば却って賤しめてしまうと諫めた。その外にも、軍首脳たちが「最高指導者に命をささげる」といったり、学生が「（最高指導者は）現代のアリである（初代イマーム）」と呼びかけた際なども、その都度演説の前にたしなめている。

（2）最高指導者の言行録

物腰の柔らかさ、知識の豊かさなど外面からの柔和な印象に比して、その思想や考え方は原則に忠実でブレも少ないがその分柔軟性には欠ける。これまで紹介した最高指導者の発言にもみられる通りであるが、ここでハーメネイ最高指導者の基本的理念・信念を示すいくつかの発言を加えて紹介しておく。

◎**夢**（石油依存経済からの脱却と石油の輸出禁止）注2

「自分の夢は、今すぐとは言わないが油田を閉じて、石油以外の物資・生産物を基礎にイラン経済を築き上げることである」（１９９４年5月、労働者の日・教師週間にちなむ集会）

「石油資源は、我々の地域を中心に世界の特定の国々に偏って存在する。しかし、石油の価格決定や消費などその運命は、他の人たちの手に握られている。ＯＰＥＣ内には、彼らを助ける者もいる。こうした事態に対して抜本策を考えなければならない。石油は、イランにとって国の将来への備えである。インフラや資本財として使われなければならない。また、石油の力によりイランは世界の政治舞台でその力を誇示できる。２～３年前、自分（最高指導者）は、いつか我々が一定期間油田を閉鎖して世界に石油を売らないと宣言できる日の来ることを望むと言った」（１９９８年12月、金曜集団礼拝）

「我々にとって原子力の問題は、科学・経済上の問題である。彼ら（欧米）は、あなた方（イラン）は化石燃料をたくさん持っているではないかといって、再生不可能の燃料をまず使えという。我々は、再生不可能資源を将来世代に残しておきたい。石油の代替エネルギー源、それが原子力である」（２００５年9月、金曜集団礼拝）

◎理想実現のための手段（抵抗の持続）

「当時（イラン暦１３５６年10月19日＝西暦１９７８年１月９日のコムでの蜂起、以降こうした蜂起が全国に波及し革命の成功につながる）、一見強固なシャーの権力体制に抵抗することは、向こう見ずな行為と思われた。物分かりの良い人たちからは、馬鹿なことと冷笑された。しかし、不可能なことが起きた。これは教訓である。今、イラン国民には自分の国（イラン）やイスラーム世界、人類社会に関する理想があり、主張がある。経済力も軍事力もマスコミの力もすべて備えて襲い来る敵たちに対して、（我々が）抵抗できるのか（できやしない）、と今でも言ってくる連中がいる。自分の答えは今も同じである、イエス（できる）である。それはコーランの教えだからである。しかし、我々が悪魔のささやきに乗り自らの怠惰で途中でくじけてしまえば、闘いはそこでおしまいである。成功することはない。理想・願い・主張の実現のために、抵抗を続けるべきである。その結果がどうなるか、世界の歴史の流れが変わるのである。今の歴史の流れは、覇権と抑圧を求める流れである。〝隠れイマーム〟出現の状況が整えば、世界は新しい局面に入るが、それは今のあなたたちの決意次第である」（２０１３年1月、コムにおけるデイ月（イラン暦10月）19日の蜂起を記念するコム関係者との会合）

◎「アラブの春」とイラン革命

「過去数世紀にわたるイスラーム諸国の遅れは、無知・無気力・将来を見通した動きの欠如が主因である。域内におけるイスラーム覚醒の動きは、イラン・イスラーム共和国が示した価値やその意義を証明するものである。イラン国民が域内の覚醒を生み出したというつもりはないが、その影響を無視することも理にかなわない。イラン・イスラーム共和国は、域内におけるイスラーム覚醒の母である。西側の物質文明は、人類に真の幸福や豊かさをもたらすことはできなかった。物質主義や性的自由の氾濫、精神的価値や宗教的規範からの逃避などの結果、彼らは社会における公正や福祉・安全を確保できず、家庭の維持や次世代の教育においても深刻な問題に直面している。イスラーム革命のメッセージは、精神性、神の価値、そして西側世界における不幸な動きすべてからの解放のメッセージである」（２０１２年２月、空軍関係者との会合）

◎選挙の重要性（選挙の重要性については機会あるごとに言及している）

「５か月後に大統領選挙が実施されるが、敵の関心はこれを妨害することである。（彼らの狙いは）まずは選挙の実施を遅らせることであり、国会議員選挙の時にも実施を遅らせようとした連中がいた。２週間遅らせたいと言ってきた連中がいたが、自分（最高指導者）はダメだといった。選挙は決められた日に実施されなければならない。敵は続いて、人々が選挙に関心を待たないよう画策した。選挙の実施について自分（最高指導者）にああしたらいい、こうしたらいいと言う人たちがいるが、結果として敵の目的に奉仕することがないよう注意しなければならない。〝自由な選挙を〟などアドバイスしない方がいい。選挙が自由でなければいけないのは当たり前のこと、革命後これまで30数回の選挙が実施されてきたが、これら選挙が自由ではなかったというのか。もう１つ敵が策しかねないのが、選挙当日人々の関心を選挙から逸らすために、政治・経済・治安、何であれ事件を起こすことである（そうしたことにならないよう注意しなければならない）」

◎経済の課題と目標（抵抗経済の実現）

「現下の敵の経済的圧力強化の目的は、イランにおける経済成長と国民福祉の増進を阻害し国民の困難を増すことで、国民の不満を募らせ国民を体制から引き離すことである。

何年も前から、敵が経済に的を絞っていることは明らかであった。そこで（最高指導者が毎年掲げる）スローガンとして、この数年は〝消費モデルの改革〟〝2倍の努力と2倍の仕事〟〝経済聖戦〟〝国内生産：イランの労働と投資の保護〟を掲げてきた。経済的圧力に立ち向かう方途は、〝抵抗経済（経済の自立）〟の実現である」（2012年7月、体制の責任者たちとの会合）

「現在何よりも重要な問題は経済問題であり、特に人々の生活に係る問題である。経済問題のマクロ・レベルでの決定にあっては、集中と統一が不可欠である。政府は一体となって、大統領やこれに協力する人たちが共同責任で取り組まなければならない。1つの省庁の仕事とはせず、全省庁が一致協力して当たらなければならない。自分（最高指導者）の見るところ、最重要の問題は社会の中・下層に属する人々の生活である。弱い階層の人々の経済的困難を解決しなければならない。物資の不足はない。問題は物価高と購買力の減少である。政府の内外を問わず経済に見識を有する人たちは、自分（最高指導者）に問題の所在は流動性の過剰にあると言ってくる。増大した流動性を抑制する方途を見つけ出すべきである。補助金改革における現金給付、メフル住宅計画、実施中の未完成プロジェクトいずれもよい仕事であるが、同時に流動性の増加をもたらす。問題解決の方途を見出すべきである」（2012年8月、政府週間に際しての大統領や閣僚との会合）

最後の引用演説など、アフマディネジャード大統領以下閣僚が政府の施策結果を数字を挙げて誇示した後の発言である。相手に対して面と向かって罵倒することは避け気配りを示しつつも、はっきり問題点の指摘を行って批判している様は、最高指導者の面目躍如といった趣である。

3. 最高指導者後継問題

次に、最高指導者の後継者問題に触れておこう。ハーメネイ最高指導者はイラン暦1318年4月（西暦1939年7月）の生まれ、70歳代の半ばであるが、最高指導者として脂がのりきった感じであることは述べた。したがって、後継者問題が話題となることは少ないし話題にすること自体憚られる。しかし、終身任期とはいえいずれ来る問題である。

憲法には、最高指導者を選任するのは（最高指導者）専門家会議と規定されている。専門家会議は、1人の最高指導者かさもなければ、3ないし5人からなる最高指導者評議会を選任することができる。ハーメネイ最高指導者選出にあたっては、憲法上最高指導者に求められる宗教指導者としての資格要件を緩和して現実に合わせたが、その結果宗教上の有資格者は大幅に増えた。[注3] 最高位のマルジャアはともかく（筆者は少なくとも7～8人のマルジャアの存在を確認した）、その下の位（アーヤトッラー）ともなれば数十人は下らないし、ハーメネイ師が最高指導者に推挙された際の宗教界の位であるホッジャトル・イスラームまで下るとその数は千人どころではあるまい。[注4] 以上が宗教面から見た最高指導者の有資格者となるが、現実には宗教的資格よりも最高指導者としてのもう1つの資格要件である（政治的）指導力という点が重要となろう。

この点でも、革命第1世代の指導者のようにホメイニ師側近として政治的にも活躍した宗教指導者の数は時とともに少なくなっているから、その政治的実績をふまえて衆目の一致する後継者を選び出すことは容易ではあるまい。時とともに後継者選任は困難が予想され、権力争いの種になりかねない。

そうした事態を想定してであろう、ハーメネイ最高指導者選出に直接かかわったラフサンジャーニ体制公益評議会議長（元大統領）は、２００８年12月「現代におけるエジュテハード」[注5]という会合で次のように述べている。

「社会生活が多様さと複雑さを増す中で、1人の宗教学者がすべての問題を把握し判断を下すことは困難であるから、複数で協力し協働できる体制とすべきである（宗教法学者評議会、ショウラーイェ・フェゲヒ）。個々の信者が依拠すべきマルジャアも、複数のマルジャアであってもおかしくない」[注6]

将来の最高指導者選出に際して、憲法にある最高指導者評議会（集団指導制）を選択肢とする環境作りとも見られる提案であるが、伝統的宗教界からは反発を招いた。ラフサンジャーニ師は、同じ考えを２０１２年7月にも真剣に考慮すべき問題として再度提議したが、あまり反応も呼ばず立ち消えになった。

複数の宗教指導者からなる最高指導者評議会というのはラフサンジャーニ師の古くからの持論であるようだ。２０１３年に刊行された「ラフサンジャーニ日記」にはホメイニ師死去前後の出来事が詳しく記されている。

それによればホメイニ師死去後ハーメネイ大統領もラフサンジャーニ国会議長（いずれも当時）もいずれも、最高指導者評議会（集団指導体制）による後継体制を主張したとある。同書によれば、両者の主張にもかかわらず、専門家会議は多数決をもって、最初に単独の最高指導者制とすることを決め、続いてハーメネイ師を最高指導者に選任したとある（もっとも、本書第2部第1章1．で記した通り、実質的にはラフサンジャーニ師を中心とする数人でハーメネイ師後継を決めたといわれる）。

これぞという宗教指導者が見当たらない中で、実際の後継体制は最高指導者評議会、すなわち集団指導体制の可能性の方が高そうである。いずれにしても後継者体制は、ハーメネイ最高指導者が健在あるいは存命中に、あらかじめ後継者を指名する（いわゆる禅譲であるが、現最高指導者の求心力の低下や、選出結果に対する不満から混乱を招きかねず、現実的可能性は少ない）、あるいは最高指導者が関係者と協議して決定する（これも同じ理由で、当面の可能性は少ない）、さらにはホメイニ師逝去に際してのように、権力の中枢にあるものが協議して決める（三権の長や革命ガード関係者と宗教界指導者）等のケースが考えられようが、具体的協議の進め方や後継者自体（個人とするか集団指導制にするかも含めて）の決定は、その時の政治情勢に大いに左右されことは間違いあるまい。

なお、ラフサンジャーニ師はメモ魔として知られ、多忙を極めた国会議長・大統領時代の日々の出来事を克明にメモしており、それに基づいて年ごとのメモを日記としてまとめて順次公刊している。ラフサンジャーニ師自身の言によれば、当時2つの手帳を持っており、1つには公式の活動をメモし、もう1つには国家機密の類の事項をメモしたという。現在刊行中の「ラフサンジャーニ日記」はもとより前者を基に纏められたもであり、ハーメネイ師後継選出の過程についても、表向きの専門家会議の議論が中心に記されているのみで、背後の事情はなお秘密にされている。

余談となるが、この数年間でも最高指導者の後継者として何人かの名前が具体的に挙げられたが、いずれも噂の域を出ない。アフマディネジャード大統領の宗教界における後見人と見られたメスバーフ・ヤズディ師（大統領周辺の「逸脱勢力」が問題となって以降、大統領とは距離を置くようになった）、イラン暦1390年5月（西暦2011年7／8月）三権調整・調停最高評議会の責任者に任命されたシャフルディ師（元司法権長）、ハーメネイ最高指導者の二男セイエド・モジュタバ・ハーメネイ師などであるが、いずれにしても噂の域を出ない。

【注】

1　大使の信任状奉呈は、最高指導者に対してではなく大統領に対して行われる。最高指導者は、各国から来訪する首脳と会見する。2012年8月テヘランで開催された非同盟首脳会議では、バン・キムーン国連事務総長やインドのマンモハン・シン首相など20人近くの参加首脳と個別に会見した。

2　イランによる石油輸出禁止について最高指導者は、17〜18年前に公言して以来マシャッド・イマーム・レザー廟での新年恒例の演説などで繰り返し述べている。1970年代の第4次中東戦争に際して、アラブ諸国が中心となって発動した石油戦略による価格高騰（第1次石油ショック）が念頭にあるのであろう。

3　当初の憲法では、最高指導者の宗教的要件として最高位のマルジャアであることが求められたが、1989年の憲法改正ではこれが削除された。

4　ホッジャトル・イスラーム以上の位が必要とされる金曜集団礼拝導師だけでも、全国に750人存在する。

5　「エジュテハード」とは、新たに直面する課題に対して、コーランやハディースというイスラーム法の源泉を基礎に柔軟に解決を図ること。シーア派特有の考え方で、スンニ派においてはこうした柔軟な解釈は認められない。もとよりシーア派でも、そうした解釈権を有するのは、高位の宗教学者に限られる。

6　シーア派イスラーム教徒は、自らの宗教的人生の主導者として一人のマルジャアを自ら選択するが、いったん選択した後はその指導・判断に従うことが義務付けられている。

第2章　革命ガードの役割と実力

革命後、体制の直面する大きな困難すなわち体制の存続上の危機に直面して中心的役割を果たしてきた革命ガードは、その存在なくしてイラン・イスラーム共和国体制の存続が覚束ないほど実力を蓄え、今日イラン社会のあらゆる側面に大きな影響力を有している。しかし、その実態となると報じられるところは少ない。革命ガードと最高指導者の関係や核疑惑問題への対応、また海外での活動についてはすでに記したので（第2部第4章）、ここではイランのマスコミ報道を手掛かりに、革命ガードの役割の変遷と実力のほどを解明してみる。

1．役割の変遷

革命ガードの歴史は、イラクとの戦争期と戦後の時期に大きく分けられよう。革命直後の結成時には、軍事的組織というより革命を護るための文化・治安組織と考えられていた革命ガードであるが、イラクとの戦争を契機に一挙に軍事機関化するのは必然であった。イラクとの戦争終結後は、戦争中に蓄積した技術・経験を生かし国土の復興と開発に大きく貢献するとともに、そのプロセスを通じて政治・経済分野など社会に広く深く根を張っていく。

こうした革命ガードの役割の変遷を示す、いくつかの証言を記しておく。

革命ガード戦争研究所の元所長は、インタビューで次のように発言している（2011年8月）。
「イラクとの開戦以前、世の中では革命ガードを武装勢力としては考えていなかった。当時、革命ガードに参加するためにやって来た人に、あなたは武装勢力のメンバーになるのだと伝えたら、80％の人は参加しなかったはずである。すなわち、彼らは軍人になることがイラン革命を擁護することとは考えなかった。

革命ガードにおける最初の軍事部隊はテヘランの革命ガード司令官によって設立されたが、部隊は革命ガード中央評議会の下に置かれ、部隊司令官の決定は中央評議会の承認を得る必要があった。イラクとの戦争によって、革命ガードは一挙に軍事化された」

引き続き、元所長の証言である。

「イラクとの開戦から1年、大統領はバニ・サドルであったが、彼は軍を頼りにして革命ガードを相手にはしなかった。

当時の革命ガードは、全国を9つの地域に分けて地域の治安維持にあたっていた。戦争開始と共に、第7地域（イラクとの国境地域の北半分）と第8地域（同じく南半分）の革命ガードが中核となってイラクと戦い、革命ガード全体でそれを支えた。戦場での戦果により軍と革命ガードの立場が変わり、バニ・サドル失脚に伴い戦争の主導権も革命ガードの手に委ねられた。

（バニ・サドルを継いだ）ラジャーイ大統領は、大統領に立候補する前に革命ガード幹部に戦えるか（イラクに勝てるか）と聞いてきた。自分は（ラジャーイ大統領）、負けて屈辱的な和平条約に署名するのはごめんだ、戦場はあなたたちの責任、国の運営は自分たち政治家の責任といった。以降の大統領も、同はどうか。

じ考えであった」

これが、革命後最初の10年間の革命ガードであった。次の20年間は、戦後の急速な復興・開発事業の進捗と相まって、革命ガードの活動も経済や政治・社会の分野に広く根を張っていく（後述）。最近はどうか。

2011年12月、首都テヘランの革命ガード特別部隊[注1]（モハンマド・ラスーロッラー基地）の司令官交代式が、鳴り物入りで開催された。なぜ交代式典が華々しく報道されたかは、その際のジャアファリ革命ガード総司令官の挨拶に明らかである。

「革命ガードの使命・職務は、イスラーム革命護持のための特定の側面に限定されるわけではない。イラクとの戦争では軍事的側面がクローズアップされたが、それだけというわけではない。革命ガードは、治安組織であり文化・政治組織でもある。革命の第3の10年期における最高指導者の要請は、ソフト面・文化面での戦いの強化である。革命ガードとバシジィ（義勇兵）のこの面における責務は、今後従来にも増して高まる。治安とソフト面における戦いの責任は、各州の革命ガードに委ねられる。ハードな戦争は、革命ガード3軍の責務である。

（2009年の大統領選挙後の騒擾から）これまで2年間、大テヘランにおける最大の課題は治安問題である。今日のテヘランにおける文化・政治状況は好ましいものとは言えず、革命ガード・バシジィとして看過できない」

と述べて、新司令官に治安面での期待を表明している。

2009年の大統領選挙に関連する一連の騒擾事件後も、核関連施設へのサイバー攻撃や核関連技術者への連続テロ事件の発生、さらには制裁強化による国民生活の困難やそれに伴う不満の増大などを背景に、社会のタガのゆるみがひょっとした事件を切掛けに体制を揺るがす事態に発展しかねないとの危機感が読み取れる。

革命ガードの対外関係における役割にも触れておくと、それは革命の当初に遡る。すでにイランの対外戦略（第2部第3章）に関する項において、＋による海外の友好国・組織との関係構築努力及びその意義について述べたが、その具体的活動内容については秘密のベールに包まれている。イラン国内で報じられることはほとんどないが、それでも関係者の口から洩れる発言をいくつかを拾っておく。

２０１２年９月ジャアファリ革命ガード総司令官は、記者会見でこう発言している。

「革命ガードは、世界のイスラーム運動を支援するユニットを有する。これは、世界の被抑圧者を助けイスラーム革命を輸出する目的で設立された。〝ゴッツ（エルサレム）軍団〟が設立されて以降は、抑圧された国民特にイスラーム教徒支援を目的として、その一部はシリアにも派遣された。（イスラエルへの）抵抗戦線の輪の一環であるシリアに、知恵や助言を提供し経済的支援を行っている。シリアに軍事的攻撃がなされれば、その時の具体的な状況によるがイランも軍事的に対応する」

すでに紹介したラフィグドウスト元革命ガード相（イラクとの戦争時代）は、レバノンのヘズボッラーの訓練に関与しその組織作りもやった、と述べている。

当時と比べれば、革命ガードの海外での活動も組織化されて、表にはっきりと出ている部分もある。

２０１２年９月革命ガード渉外局長は、革命ガードがシリア・レバノンを含む世界約15か国に駐在武官を派遣している、といっている。革命ガードが積み上げてきた国際場裏での経験やノウハウ・

人脈は、経済制裁下で制約の大きい物資調達、特に軍事的あるいは核関連の資機材調達にいかんなく力を発揮してきたが、経済制裁が強化された中でその経験とネットワークは一層貴重となっていこう。全国の大学の学生バシジィ責任者との会合で宗教関係者の一人は、「革命後、我々は常に制裁下に置かれてきたが、必要なものは常に手に入れてきた。（革命ガードの）ハータモル・アンビヤー建設本部の責務は、制裁を迂回することである」と言っている。

2. 社会・経済への進出

ラフィグドウスト元革命ガード相は、革命ガードを離れて大臣になったものが少なくないと述べているが、筆者自身の経験でも中央・地方の行政組織には、革命ガードやその工兵部隊で活躍した経験を持つものが圧倒的に多い。

アフマディネジャード大統領が、石油省を自らの手中に収めるため何人もの大臣や大臣代理を任命し、その承認をめぐって議会と激しく対立した挙句、双方が異存を挟みにくいロスタム・ガーセミ革命ガード・ハータモル・アンビヤー建設本部司令官を石油相に抜擢し落着させたことは、革命ガード関係者の政治・経済社会における存在感を改めて際立たせることになった。米国財務省は、石油省傘下のイラン国営石油会社（ＮＩＯＣ）を革命ガードの傘下にあるものとして制裁対象に加えた（２０１２年９月）。そこで、次に経済分野における革命ガードの浸透ぶりを見る。

革命ガードの経済活動もその全貌は分かりにくいが、その活動が民間の経済活動を阻害しないかとの懸念から時に話題となる。

２０１２年12月革命ガード・ハータモル・アンビヤー建設本部司令官（ガーセミ石油相の後任）は、同部隊が請け負っている実施中プロジェクトの概略を述べている。それによれば、「石油・ガス輸送ライン（9プロジェクト・合計３５００キロ）、ダムから都市への給水路（12プロジェクト・合計３０００キロ）、水路トンネル（合計２５０キロ）、地下鉄・鉄道のトンネル（合計１６０キロ）、鉄道（15プロジェクト・合計２１８５キロ）、高速道路（10プロジェクト・合計１５００キロ）、大小ダム（21プロジェクト・合計貯水量30億立方メートル）、その他港の建設や拡張工事、埠頭・防波堤・橋の建設、灌漑水路（１００キロ以上）、生産工場の建設」とあり、これだけでもイラン随一の総合建設会社といえ、世界でも有数の事業規模の企業に数えられよう。

イラクとの戦争中革命ガード総司令官を務めたモフセン・レザイによれば、革命ガードの経済・開発事業への参画・関与は、イラクとの終戦後に後に大統領となるラフサンジャーニ国会議長から、破壊されたインフラの復興と開発を加速するために求められて始まったものである。しかし、経済の復興と発展に伴い、民間経済部門を圧迫するとの批判も出てきた。

これに対して革命ガード側は、民間が関与できない地域・分野、たとえば辺境地域でのインフラ建設、また民間企業の手には余る大型プロジェクト（1億ドル以上）に専念するとのガイドラインを発表している。しかし、一度手に染めた経済権益を縮小するのは誰にとっても容易ではあるまい。

２０１２年12月元外交官であるサーデグ・ハラーズィは、自らのサイトで以下のような分析を公表している。

「国土の復興と開発の加速のために革命ガード・ハータモル・アンビヤー建設本部が果たした大きな役割はともかく、民間部門が力を付けた現在改めてその役割を問う必要があろう。同本部は、民間企業が実施能力に欠ける分野を活動対象とし1億ドル以下のプロジェクトには参入しないというが、現実にはハータモル・アンビヤー建設本部の公式サイトに1億ドル以下のプロジェクトがたくさん記載されている。中には、銀行の建物まである。

ファールス通信（革命ガード系）は、ハータモル・アンビヤー建設本部が1万1千以上のプロジェクトを完成させたと伝えた。

プレハブ工業界の関係者は、建設プロジェクトが革命ガードから民間企業に委託されたと言っている（孫請け）。革命ガードがドバイのボルジュ（世界一の高層ビル）に投資した、との報道もある。

革命ガードは、（テヘランの新国際空港である）ホメイニ空港の建設を外国のコントラクター（トルコ企業）に任せるのは安全保障上問題であるとして介入し嫌がらせをした。

ざっとした見積もりであるが、革命ガードは812の企業を所有しているとみられ、その活動範囲は金融から石油産業・製造業、道路建設と多岐にわたる。3つの金融機関を所有するほか、多くの金融機関に投資している。

アフマディネジャード大統領は、革命ガードが自ら所有する埠頭を本来の任務とは関係のない商売に使っていると非難した（税関を通さない輸入。ただし、革命ガード司令官は直ちにこうした事実を否定し、大統領も深追いせず）。

革命ガードに属しながら組織の枠外で商売に従事する者もいる、と経済関係者は言う（たとえばテヘラン近郊の工業団地における企業活動）。

あくまで大雑把な見積もりであるが、国内総生産の３分の１くらいが革命ガードの影響下にあるのではないか」

以上はマクロ・レベルでの話であるが、身近な話題としても革命ガード関係者によるビジネスの噂話は絶えない。テヘランの日本大使公邸が所在する一帯は、嘗ては広大な雑木林の中に平屋建ての邸宅が点在する典型的な金持ちの避暑地帯であったが、いまや高級マンションが林立し残された一軒家も次々に壊されてマンションに建て替えられていく。２階建ての日本大使公邸も周辺は高層マンションに取り囲まれて、唯一開かれていた正面方向の隣家も壊されて８階建てのマンションが建ち始めた。その所有者は、革命ガードの司令官といわれる。

イラクとの終戦後の復興と開発期に革命ガードが培い築き上げてきた経済的実績と実力に加えて、２０１２年初以降の経済制裁強化がイラン経済の中枢である石油の輸出と国際金融取引を厳しく制約するに及んで、革命後今日まで革命ガードが世界に張りめぐらせてきた制裁回避のためのネットワークやノウハウは、革命ガードの経済における役割をさらに重くしていきそうであるが、いずれ制裁が解除される暁には、民間経済との競合も増して大きな摩擦要因になりかねない。

3．政治的立場

体制の中枢にどっしりと腰を据えた革命ガードが、イランの政治に大きな影響力を有することは関係者が皆気付いている。公然と議論されるテーマではないが、それでも革命ガード関係者やそれに批判的な立場の側双方から、革命ガードの政治的な役割について不意に言及がなされることがある。そうした発言を紡ぎながら、革命ガードの政治的な立場や具体的政治問題に対する対応、さらには体制の将来における革命ガードの役割といった点を見ておきたい。

本章冒頭に引用した元革命ガード戦争研究所長は、次のような秘話を明らかにして当初の革命ガード関係者全般の政治への不干渉を証言している。

「（1985年、レーガン米大統領の国家安全保障補佐官マクファーレン氏が米国製の軍備品を携えてテヘランの空港に乗り込んできた、いわゆる〝イラン・コントラ事件〟に関して）マクファーレンと会ったのは、ラフサンジャーニ国会議長とモフセン・レザイ革命ガード総司令官（いずれも当時）の共同代表であり、2人はこの事件にかかわっていた。自分（元研究所長）は当時、マクファーレンがテヘランにやってきたことも、革命ガード関係者が彼に会ったことも知らなかった。革命ガードが米国とのこうした関係を知れば、戦争継続への意欲を失ったはずである」[注2]

このエピソードが示すように政治とは距離を置いていた革命ガード関係者が、本格的に政治の世界に関わり出したのは第3期の国会議員選挙の時である。同選挙には多くの革命ガードメンバーが立候補した（1988年、イラクとの停戦の年）。コウサリ革命ガード・テヘラン特別部隊司令官は、「第3期国会選挙において、革命ガード関係者が大挙立候補し戦場を後にしたために、ファオ（イラン側が占領したペルシア湾におけるイラク領の半島）防衛作戦は失敗したのではないか」との質問に対し、これを否定せず次のように答えている（２０１１年10月）。

「宗教界が二分される中で、[注3]前戦でも選挙に話題が集中し、革命ガードの多くのメンバーはいまだ若く退職を迎える年齢ではなかったにもかかわらず退職した（そして、政治の世界に向かった）。当時、戦場での兵士の欠乏は顕著であった。学生である戦闘員は試験のため大学に戻ってしまったし、また新年に故郷に戻った者もそのままであった」

宗教界を巻き込んだ政治の世界での抗争が、戦場よりも政治に革命ガード関係者の関心を向けさせた時代である。

以上は、革命ガード関係者の当初の政治との距離感とその後の政治世界進出への変化を示すエピソードであるが、次は革命ガードのその後の現実の政治とのかかわりである。

上述のラフィーグドウスト元革命ガード相は、保守派の政治家であれ改革派の政治家であれ、革命ガードに影響力を及ぼそうとするものが少なくないと述べている。また同相は、２００９年の大統領選挙後の一連の騒擾事件において革命ガードが改革派支持者を弾圧した事実に触れて、革命ガードの騒擾事件への関与はその責務に基づく当然の行動であるが、中には自分の感情を任務に優先させた者たちがいた、これは処分されなければいけない、と言って行き過ぎを認めている。

政治に対する公式の立場と実際

革命ガードの政治的立場に関する公式の見解として、革命ガードにおける最高指導者名代であるホッジャトル・イスラーム・アリ・サイディ師が、インタビューで次のように発言している（2013年2月）。

「革命ガードが軍など他の武装機関と異なるのは、政治活動が重要な任務である点にある。軍は国境や国の独立の守り手であるが、革命ガードやバシジィはイスラーム革命の維持、護り手でなければならない。革命ガードは、〝エルサレム（回復）の日〟や〝バフマン月22日（革命記念日）〟などの記念集会には全国において、革命ガードの旗を掲げ腕章を巻いて参加する。革命ガードの政治への関与のあり方は、状況に応じて問題ごとに検討されなければならないが、派閥や政党間の対立に巻きこまれることは厳禁である。選挙において、国民に特定の候補を支持させようというのは100％禁止である。しかし、選挙に参加する諸勢力について政治的評価を行い選挙が正しく実施されるよう状況を整えることは、革命ガードの責務である」

同師は、別の機会にこうも言っている（2012年4月）。

「革命ガードの選挙への関与は禁止である。革命ガードが、候補者リストを出すなどあり得ない。しかし、〝逸脱勢力〟や反革命勢力に対する介入には遠慮しない。（第9期国会議員選挙で、保守派主流勢力が〝団結戦線〟と〝持続戦線〟に分裂して選挙戦を争った点に触れて）各々の勢力の背後には、マフダビ・カニ師やメスバーフ・ヤズディ師といった立派な宗教指導者が控えている。各々の支持者の中には指導者たちの意に反して健全な競争を破壊する者がいるが、革命ガードはこのような問題からは距離を置きどちらか一方を支援することはない」

しかし、現実はどうか。保守派内の一匹狼的存在であるアリ・モタハリ議員[注4]は、第９期議会選挙終了後開催された第８期議会の最終本会議の場で、こう発言している（２０１２年５月）。

「第９期議会選挙での問題は、多くの選挙区で革命ガードが介入したことである。彼らは意中の候補者を全力で支援した。このことは当選した者・しなかった者、いずれの候補者も確認している事実である」

要すれば、革命ガードは政治の党派的争いに巻き込まれることを極度に警戒しつつも、実際には既得権益集団として政治に深い利害関係を有することから、特定政治勢力に加担したりあるいは逆に弾圧に手を貸すことが不可避となっていると見るべきであろう。

現実主義者としての革命ガード

革命ガード内ではどうような政治論争が行われているのであろうか。急進的改革派が「フェトネ（偽善者）」として糾弾され、アフマディネジャード大統領周辺が「逸脱勢力」として指弾される段階となれば、革命ガードの政治的立場も明快となろうが、黒白をはっきりさせられない場合も少なくなかろう。一見堅固で一枚岩に見える革命ガードではあるが、内部に路線上の対立はないのであろうか。

２０１２年２月革命ガードの12名の現役司令官が連名で書簡を発出し、先輩である元司令官を非難・罵倒した。先輩司令官とは、イラクとの戦争中初代の革命ガード海軍司令官を務め、その後革命ガード参謀総長や国防省筆頭次官も務めたホセイン・アラーイ氏である。氏が自由の抑圧という観点からすればイスラーム共和体制もシャー体制と変わらない、と批判した点が強く糾弾された。アラーイ氏は改革派の立場から、２００９年の大統領選挙後の騒擾事件に対する体制側の対応には批判的である。こうした体制の立場が鮮明となった問題に対しては、革命ガードに足並みの乱れは感じられない。

他方、そうではない問題ではどうであろう。アフマディネジャード大統領が、情報相解任に対する最高指導者の決定にごねて11日間自宅に閉じこもった事件に対して、革命ガードはどう対応したか。アフマディネジャード大統領自身革命ガードでの活動経験を有すること、また２００９年の大統領選挙においては最高指導者の支援を得て再選されたこと、すなわち革命ガードも大統領の再選を支援した関係であることから、革命ガードの対応は慎重であった。大統領の最高指導者に対する不服従を契機とする大統領周辺への批判・攻撃の流れは、宗教界や議会・司法権関係者が先陣を切り、流れがはっきりしてきたところで革命ガードも旗色を鮮明にした。すなわち事件当初の革命ガード責任者の発言は少なく、静かに帰趨を注視していたといえよう。

ずっと後になるが、２０１３年1月イマーム・ホセイン大学学長代理（革命ガードの司令官の1人）は、インタビューでこう発言している。ちなみに、イマーム・ホセイン大学は、総合大学であると同時に革命ガードの士官学校でもある。

「アフマディネジャード大統領はたくさんの素晴らしい点を有するが、今日では体制にとっての良き機会（アフマディネジャード大統領）が脅威に転じてしまった。大統領2期目においては、自らに立脚しないで（すなわち、マシャイ氏に操られて）仕事をしていることが明らかとなった」

以上2つの事実からうかがえることは、革命ガードの司令官たちは、自らの立場・利益を慎重に見極めつつ、見極めた後はかつての僚友であろうが容赦せず一致して行動する現実主義者としての姿である。

さらに言えば、革命ガードの基本的立場は、体制の中核でありシンボルである最高指導者を担ぎ支えながら体制維持を図り既得権益を守るということであろう。最高指導者にとっても、国内での権力闘争が繰り返され国外からの圧力・脅威が高まる中で、革命ガードを頼りしなければならないという両者の相互依存関係が浮き彫りになるが、その拠って立つ共通の基盤は既得権益の保持ということである。

宗教界の最高位であるマルジャアの一人マラーコム・シラーズィ師が、革命ガード関係者を前に興味ある発言を行っている（２０１２年４月）。

「革命ガードは、最高指導者と密接な関係を有するように、マルジャアとも同じような関係を待たなければならない。しかし、時にそれが弱いこともみられる。国民はマルジャアを信じ、彼らから離れることはないことを知るべきである」

そうであるならば、革命ガードにとって重要なのは、広く宗教界というよりも最高指導者そのものということになる。

【注】

1　革命ガード・テヘラン特別部隊は、イラン暦１３８７年（西暦２００８年３／４月）の機構改革で設立された。その際、同時に各州の革命ガードも設立された。

2　マクファーレン氏は、レバノンでの米国人人質解放のためにイランが影響力を行使するよう要望し、見返りにイランが戦争遂行上最も必要とする米国製の航空機部品を携えてテヘランにやってきた。当時テヘランではそうした噂が流れたが、ホメイニ師は、イラン政府関係者が米国関係者と接触することは一切まかりならぬと声明してけりをつけた。

3　宗教界内部の対立の結果、政治的にリベラルな立場であった大アーヤトッラー・モンタゼリ師は、ホメイニ師後継の立場を否定された。

4　アリ・モタハリ議員の父親の故モルテザ・モタハリ師は、ホメイニ師側近で、革命の理論的支柱といわれる。ハーメネイ最高指導者も、彼の著作を勉強するよう勧めている。ただし、アリ・モタハリ氏自身は宗教関係者ではない。

第3章　イラン式民主主義とアイデンティティの問題

イランの大統領選挙ではしばしばダークホースの候補者が勝利したり、マスコミも十分に楽しめるものであることなど（ペルシア語の理解力が必要となるが）、イラン社会の内部を詳細に観察すれば、西側世界の民主主義とは趣を異にするものの、イラン・イスラーム共和国体制下において民主的な統治がそれなりに機能している様子が理解される。本書の最後に、体制指導者が意図するイラン式民主主義とは何か、及びイラン国民の意識（アイデンティティ）について触れておきたい。

1．宗教的国民中心主義

（1）国民主権神授説

イラン・イスラーム共和国憲法には、主権は神にあることが明記されている。憲法の第5章：「国民主権とそれに由来する権力」の冒頭にこうある。「世界と人間に対する絶対的主権は神のものである。その神が、人間を自らの社会的運命の支配者とされた。いかなる者も、この神から授けられた権利を人間から奪うことはできない。国民は神から授かった権利を、以下の原則に従って行使する」。

ここで述べられているのは、イラン・イスラーム共和国の体制は、王権神授説ならぬいわば「国民主権神授説」という考え方に立脚していることである。憲法第5章の次の項には、「イスラーム共和国の権力は、最高指導者の監督の下、立法権・行政権・司法権の三権からなる」とも記されている。

神から託された権利を、最高指導者の監督の下に三権分立の原則で行使するシステムである。神権政治とも三権分立を原則とする近代民主主義とも趣を異にする体制であるが、実際上は宗教的国民中心主義と呼ばれるイラン式民主主義の下に、内在する独自のダイナミズムを持ちながらそれなりに民意を反映して運営されている。各種選挙、特に大統領選挙・議会選挙における投票率が強く意識されるのも、また大統領選挙においてダークホースの候補が勝利するのもその証左である。実際、宗教指導者である最高指導者が、絶対王政下の王のごとく独裁者として振る舞うことは想定もされていなければ、そのようにしようとしても実際上無理である。最高指導者は、体制の護り神として理屈の上では何にでも口出しできようが、それではイランのごとき多様・複雑な社会の統治はうまく行かず、混乱を増すだけで体制護持も覚束なくなる。

（2）国民の位置づけ

すでに繰り返し見てきたように、最高指導者や大統領他の指導者は国民を念頭に置いた言動に余念がない。それは体制の出自に由来する。革命の過程やイラクとの戦争を通じておびただしい死傷者を出したこと、すなわち彼らの犠牲的精神と行動があって体制の今日までの存続があり、また今後ともそうした国民の支持なくしては体制の存続は覚束ない、との認識・自覚が体制における国民の位置づけを決定的なものにしている。体制護持のために命を賭した国民は、その殉教精神と共に繰り返し高く称揚されている。亡くなった者は「殉教者（シャヒード）」として、負傷したものは「命を捧げた者（イーサールギャル）」として、その遺族・家族と共に物心両面で手厚く保護されている。「殉教者」と「殉教精神」が名実共に体制の指導理念に昇華される中で、体制の指導者たちは彼らを持ち上げ支援することで、替わりに彼らの忠誠・支持を確保しそれを自らの立場と力の基盤としている。このことは、最高指導者において然り、またアフマディネジャード大統領において特に顕著であった。殉教者遺族との面談や家庭訪問は重要な活動日程となっている。

ロウハーニ大統領も選挙で示された民意の実現を基本的立場・公約として標榜するなど、国民重視との姿勢においては聊かも変わるところはない。核問題をめぐるジュネーブでの交渉合意に関する大統領官邸での記者会見では、殉教者となった原子力科学者等の遺族を招き自らの傍において発表を行っている。

ハーメネイ最高指導者は、「自分（最高指導者）は裕福な生活をしているわけではないが、貧しい人たちの生活からすれば恵まれており申し訳ない気持ちである」とまで述べている。

アフマディネジャード大統領は、石油収入のすべてを国民に分け与えるのが自分の夢だ、と言ったことがある。体制護持に命を賭した人たちを中心に、概しては貧しい階層の人々を国民として強く意識する統治スタイルを、彼らは「宗教的国民中心主義（マルドムサーラーリイェ・ディーニ）」と呼び、そしてそれをイラン式民主主義と称している。

もっとも、「宗教的」を頭に加えるのは最高指導者であり、アフマディネジャード大統領は単に、「国民中心主義」という。最高指導者に忠誠を誓うアリ・ラーリジャーニ国会議長などは「宗教的国民中心主義」という言い方をするから、そんなところにも指導者たちの世界観の違いが伺える。そこで、次に「宗教的国民中心主義」でいう「国民」とは誰を意味するのかを考察しておく。

「国民」とは誰か

２０１０年の国勢調査では全人口が７５００万人であり、これが正式にはイラン国民の数である。体制の指導者たちが運命を共にすべきと考える人々をここで「国民」と想定すれば、その数はこれよりはるかに少ないはずである。体制護持のために頼るべき人々であり、したがって体制の側も日頃から物心両面にわたり支援を惜しまない人たちのことである。もとより、国民の間にそうした区別・差別を付けることは公式にはあり得ず、イランにおける選挙も秘密投票が原則であるから、国民１人ひとりの政治的立場を色分けできるわけでもない。

またロウハーニ大統領は、国内での対立が激化し国際社会での孤立が顕著であるイランの国内外での融和実現を自らの使命とし、過激・独善を排し公正と中庸・中道を標榜する政権として、国民の権利の保護に特段の配慮を払い、国民の間に差別を生むような発言・措置は意識的に排除している。

他方、現実にはこれら「国民」の動向が体制の安定や将来を大きく左右する要素であるから、「国民」についての大まかな理解は必要であろう。どのような人たちで、どのくらいの数なのか。

まず、全国民を対象として実施された補助金改革に伴う現金給付に関連して挙げられる数字がある。現金給付の財源に限りがあり、また所得格差の縮小という目的も有する補助金改革であるから、本来であれば高所得階層は現金給付の対象から除かれるべきであった。

補助金改革実施に関する議論においては、所得階層の下から6番目までが、補助金改革による現金給付によって購買力を増したとの分析があった（国民を所得階層別に10に分ける）。その数は４５００万人となるが、これはアフマディネジャード政権のばら撒き政策の１つ、政府企業の民営化に伴う株式の国民への配布（公正株）対象者の数と重なる。

この数字を、広い意味で体制が支援対象と考える国民の数とすれば、体制支持の中核となる人たち、たとえば最高指導者の呼び掛けに応じて行動する国民の数は、ずっと少ないはずである。再びいくつかの数字を拾ってみる。

殉教者の遺族や親族、また負傷者とその家族や親族といった人たちは、国民の中でも体制支持の中核となる人々と考えられる。革命後今日までの殉教者・負傷者の数は、百万人に近いといわれる。具体的には、ラフサンジャーニ師が革命前後からこれまでの殉教者の数をおよそ20万人と述べたことがある。[注1]その内訳は、たとえば陸軍司令官が、革命期及びイラクとの戦争における軍関係者の死者を４万８千人、負傷者を12万７千人と発言している（２０１１年10月）。もとより、最大の犠牲者を出したのは革命ガード及び傘下のバシジィ（義勇兵）でありその死傷者数は軍の数倍に達しようから、殉教者・負傷者にその遺族・家族・親族を加えれば、全体は優に数百万人になろう。

次に、見方を変えて革命の護持を使命とする革命ガードや、特にバシジィの規模を想定してみる。革命ガード自体の勢力はおよそ30万人と見られるが、傘下の義勇兵組織バシジィに関わる人々の数は遥かに膨大である。金曜集団礼拝に参加し最高指導者の呼び掛けに最も忠実に従う人たちの多くが何らかの形で関係を有するであろうバシジィこそ、体制指導者たちにとっての「国民」のイメージに最も近い存在であろう。そのバシジィの規模や活動は詳らかではないが、それでも関係者の発言で実態の一部を垣間見ることができる。

被抑圧者動員（バシジィ）庁長官代理は、全国に男女別のバシジィ部隊が６０００あると言っている（２０１２年９月）。また、ジャアファリ革命ガード総司令官は、バシジィ内のイスラーム的生き方を学ぶ文化サークルには３００万人が参加していると述べている（２０１２年11月）。テヘラン州行政機関動員（バシジィ）組織責任者は２万１０００の公務員殉死者を偲ぶ会で、「全国の公務員約２００万人の内、75万人がバシジィに加わっている」と発言しているし、被抑圧者動員（バシジィ）庁長官は、イラン暦１３９０年（２０１０年３／４月～）の１年間に、最も開発の遅れた地域での奉仕活動に参加した若者の数を百万人と発表している。

そうした発言からは、目標とされる１０００万人（１千万バシジィ運動）には及ばないものの、数百万人単位のバシジィの存在が浮かび上がろう。

「宗教的国民中心主義」における「国民」についてのおよそのイメージは、以上で明らかであろう。もとより、富裕な層にも熱心な体制支持者はいるし、農村部にはバシジィ運動とは関係なく体制支持の国民も少なくなかろう（この点で、村落まで足を踏み入ればら撒きを行ったアフマディネジャード大統領の役割は大きい）。ともあれ、２００９年の大統領選挙で保守派の一致した支持の下アフマディネジャード大統領が得票した２３００万あまりを積極的に取り込むべき「国民」の最大数として（有権者の数であるから、その家族を含めれば人口の６割程度に相当しよう）、その中核に数百万人単位での行動的支持層が存在する、というのが体制指導者がひそかに念頭に置く「国民」であろう。これら体制支持の「国民」をしっかり把握する限り体制の基盤は堅固であり続けるが、そのためには日ごろの物心両面での支援が不可欠となる。そうした努力は、革命前後から宗教界を中心にして一貫して行われてきた。

（３）国民支援のための革命諸組織

筆者はイラクとの戦争が続く2度目のイラン勤務時代（１９８３〜１９８７年）に、革命により崩壊した政府機能がいまだ再建されない中で、革命や戦争の途上に倒れた人たちやその家族を支援する革命組織の実態について「イラン革命後の社会組織」と題する一文を纏めた。そこで紹介した革命組織（被抑圧者財団、ホメイニ師支援委員会、住宅財団、ホルダード月15日財団、殉教者財団）の業務はその後政府によって実施されるようになったが、それでも引き続き活動を継続しているものが多い。体制の意識する「国民」への支援においては、これら革命組織が依然重要な役割を果たすことに変わりなさそうである。

これら「国民」は、政府の支援策（たとえば、補助金改革に伴う現金給付や政府企業の民営化に伴う「公正株の付与など）を受けながら、こうした革命組織からの支援も受けるわけである。

いずれも最高指導者の膝下にあるこれら組織の内、パハラビ王朝の没収資産を基本財産として発足した被抑圧者財団は国で1・2位を争う投資機関となっており、その豊富な資金力をもって最高指導者の懐役を果たしているとみられる。殉教者財団やホメイニ師支援委員会は、革命や戦争に殉じた人や負傷した人・その遺族や家族、さらには広く脆弱な階層の人々を支援対象としている。

たとえば、ホメイニ師支援委員会が支援対象とする家庭の57％は、女性を家長とするもので（103万人）、家族を含めるとその数は170万人に上る（委員会全体の支援対象家庭数は181万である。2012年2月現在）。また、支援対象のうち、生徒・学生の数は各々60万と11万である（2012年9月、関係者の発言）。イランでも有名校への受験競争は厳しく、このためホメイニ師支援委員会では、生徒・学生が塾で受験勉強できるよう支援を行っている。ホメイニ師支援委員会は、農村地域での保健や医療また住宅の支援活動も行っている。

体制を支える中核の「国民」に対する物心両面での支援のうち、モラル・精神面での支援は、宗教関係者を中心に地域のモスクや講を拠点・中核として、金曜集団礼拝や数多い記念日での大規模行進や集会への参加などの機会を通じて行われる。同時に、非宗教組織についてもそうした活動への支援が期待されており、例を挙げれば政府系の企業・銀行・組織は、議会で承認された自らの予算の一部をコーランの普及やコーラン読誦者の訓練・教育を支援するために寄付するよう、法律で定められている（イランの予算制度は具体的な経費の積み上げ方式ではなく、項目別の総額を割り当てる方式である）。

2．割れるアイデンティティ

最後に、過去1世紀にわたりイランの統治体制が、絶対王政から立憲君主主義、共産主義や民族主義、さらにはイスラーム共和主義と幾多のイズム（主義）を経験する中で、イランの人々を駆る想念や情念がいかなるものであるのかを考えておきたい。国民としてのアイデンティティの問題ともいえよう。

写真７　ペルセポリスの宮殿の壁に彫られた諸民族による貢納の図。
（写真：中村法子撮影）

イスラームという宗教とアーリア民族の誇りとの2つが織りなす歴史がイラン国民の心と体に深く染み込んでいることは論をまたないが、宗教心と民族感情のバランスが、人により時代により重心を変えて社会の変動を助長し、また社会の変動が国民の想念や情念のありようにも影響するという相互作用が見て取れる。このアイデンティティの問題こそ、長い目でみれば体制の安定に大きなかかわりを持ちそうである。

そこでお浚《さら》いとなるがまずはイランの歴史と宗教を概観した上で、それが現代のイラン人の想念や情念にどのように生き社会や政治のありようにどのように働いているかを、特にアフマディネジャード政権の統治手法との関係で見ていきたい。

（1）イランの興亡の歴史

紀元前20～18世紀ころ、現在のロシアのステップ地帯から南下しはじめたアーリア人が、イラン高原に初めて作り上げた国が紀元前6世紀のメディア国である。その延長線上にあるアケメネス王朝のペルシア帝国は、キュロス・ダリウス両大王が築き上げた世界最初の帝国である。広大な帝国の支配下に置かれた諸民族は、自らの信仰を保持する権利と引き換えにペルシア帝国への貢納を行った。ペルセポリスの宮殿の壁の彫刻にはその姿が克明に描かれている。帝国統治のためには、全国に地方官（サトラップ）が配置され監察システム（王の「目」と「耳」）も設けられた。また、交通網を整備して各地をキャラバンサラー（人と馬の宿泊所）で結ぶ駅伝制が整えられた。これら統治システムは、ローマ帝国によって真似られた。

ペルシア帝国（アケメネス朝）によるギリシャ侵攻に対する報復として、ローマ帝国の属領マケドニアから起こったアレクサンダー大王は、その東征においてペルセポリスに火を放ちアケメネス王朝を滅ぼしたが（ＢＣ３３０年）、その後もササン朝によるペルシア帝国の再興がはたされた。アケメネス・ササン両王朝下においては、善悪二元論で知られ火を神聖と見なすゾロアスター教（拝火教）が国教とされるとともに、ペルシア文化圏に広く伝えられていく。当時のペルシア文化は西域を通じて中国まで及び、勃興するイスラーム・アラブ勢力に敗れてササン朝ペルシアが滅亡する際には（６４２年）、王族の中には遥々唐に逃げてその助けを求めるものもあった。

当時、唐の都長安は国際都市として栄え、西域の人々（イラン人を含めたアーリア系民族とアラブ人）が多数往来・在住して、その文物が人気を博した。胡瓜・胡麻・胡椒など「胡」のつく農産物が、西域渡来であることはよく知られている。西欧近代の興隆を可能とする学問・技術が、東西文化交流の道（シルクロード）を通じて西洋に伝えられ、西洋近代の勃興をもたらしたルネサンス、新大陸の発見、産

写真８　イスファハーンの中央広場。“世界の半分”とうたわれた。
（写真：中村法子撮影）

業革命の土壌を提供したことも歴史上の事実である（アラビア語訳されて保存・発展を遂げた古代ギリシャ哲学、天文術や羅針盤、製紙法、火薬など）。イランはこうした東西文化交流の中心点に位置する。

イスラームを受け入れた後のイラン人は、イスラーム文化全体の発展に大きな貢献をする一方で、自ら独特のイスラーム文化を作り上げた。イスラーム文化が最も栄えたサラセン帝国時代のイラン人学者・文化人の活躍や、サラセン帝国の衰退とモンゴル・ジンギスカン一族によるイスラーム世界の破壊に伴う混乱の時代にあって花開いたイランの文芸・詩歌は、今なおイラン人の強い誇りである。

イスラーム・シーア派はアラブ人によって立ち上げられたものではあるが、イラン人によって大きな発展を遂げ、サファビー朝の時代にシーア派が国教にされ今日のイラン・イスラーム共和国の淵源となる（サファビー朝の首都イスファハーンの中央広場は、〝世界の半分〟と謳われ、現在も往時の栄華が偲ばれる）。

近現代の歴史にあっては、英国やロシアの植民地支配に苛まれ、また専制王政を経験しながら、域内において逸早く立憲革命や石油産業の国有化を実現し、さらにはイスラーム革命を成就させる。

現在はまた、革命政権がイスラームを基盤とする新しい文化・文明の実現を目指すといった具合に、イラン民族は文明の栄枯盛衰をたっぷりと味わった国民である。

（２）宗教──シーア派イスラーム

イランには、国教であるイスラーム・シーア派のほかに、イスラーム・スンニ派さらにユダヤ・ゾロアスター・キリスト教徒が存在するし（後３者については〝啓典の民〟として憲法上正式に認められ、国会においても２９０議席中５議席が割り当てられている）、またキリスト教の布教活動などが事件として報じられることもあるが、国民の圧倒的多数はイスラーム・シーア派教徒である。また、イスラーム・シーア派12イマーム派が国教であることに異論が存在するわけではない。

イスラーム・シーア派については、イスラーム哲学の専門家であり東洋はじめ世界の哲学に造詣の深い故井筒俊彦教授の明快な論考がある。

以下、イスラーム・シーア派理解の手助けとして、井筒教授の著作（論文・講演）から引用（趣旨）紹介してみたい（いずれも出典は、中央公論社版『井筒俊彦著作集』）。

筆者は、井筒教授とは生前直接の面識はないが、カナダのマックギル大学やテヘランでの研究教育活動において同教授が親しくされていたイラン人のメフディ・モハッゲク教授から、井筒教授との思い出話を何度かにわたって伺う機会があった。故井筒教授の研究成果がイランにおいていかに高く評価されているかは、いずれ改めて紹介するつもりである。

◎スンニ派とシーア派の違い

聖典〝コーラン〟は、人間を〝地上における神の代理人（ハリーファ）〟と規定し、預言者モハンマドは、人類を代表して1人で神の言葉を聞く。彼は、神の地上経綸の代理人（ハリーファ）であるに過ぎない。この点ではスンニ派もシーア派も区別はないが、問題は彼の死後、後継者、代理人をどうするかで生じる。ここでスンニ派とシーア派の対立が生まれる。

第1代から第3代までの後継者は、選挙で選ばれる。問題は第4代カリフ（上記のハリーファと同じ）で、シリアの地方長官ムアーウイヤと預言者の娘婿アリの2人の候補が争う（アリが第4代カリフになる）。このアリがシーア派の開祖で、シーアはアラビア語で党派・派閥を意味するからアリの党派〝シーア・アリ〟が呼び名となる。

（以上は右記著作集巻2、「イスラーム文化」より筆者抄録）

スンニ派の場合、預言者ムハンマドの死後後継者たるカリフは才能ある人が民主的な原則に基づく選挙で選ばれるべきとの立場であるが、片やシーア派はムハンマドの中に生きていた預言精神ということを考え、彼の後継者は彼の血筋でなければならない。しかも本当の精神は女性を通じて伝わるというのがイスラームの考えであるから、彼の娘ハーテマ（アリと結婚）こそムハンマドの後継者、すなわち神の代理人にならなければならないと考える。

イスラームは、神聖な領域と世俗的な領域を区別しない。スンニ派にとり法律〝シャリーア〟＝宗教である。これに対してシーア派は、内的精神としての宗教を立てる。いわば、スンニ派は顕教的な宗教、シーア派は内面を大事にする密教的な宗教といえる。

（以上は右記著作集別巻、岩村忍教授との対談より筆者抄録）

◎イマーム及び12イマーム派

アリの2人の息子のうちハサンが第5代カリフとなるが、ムアーウイヤにカリフ位を譲って隠棲した。ムアーウイヤが正式なカリフになる中で、ハサンは政治的実権こそ失ったが、イスラーム共同体の最高指導者であるとすれば、その権威は純粋に宗教的カリスマ・霊性的権威でなければならない。カリフと区別されたイスラーム共同体の最高権威者の理念、それがシーア派的述語でイマームとなる。

イマーム中心主義、それがシーア派のすべてである。（人類に神から遣わされた）最後の預言者モハンマドが亡くなって預言者系列はなくなるが、その代わりにイマームを通じて人は神と直接結びつくことができる。

（以上は右記著作集巻９、「東洋哲学」のうちの「シーア派イスラーム」より筆者抄録）

12代でイマームは、突然姿を消す（８６３年）。８９０年まで待っても遂に姿を現さないので、正式に〝お隠れ状態〟（隠れイマーム）に入った。

（右記著作集別巻、岩村忍教授との対談より筆者抄録）

イマームは、一般に先達・先導者・人々の先に立つ人という意味のアラビア語であるが、シーア派全体では、イマームは神に直結した人、神の霊的な力を自分の体内に宿している人のことであり、始めから聖別されている。この点、神の選びによって聖別された預言者とは全然次元が異なる。

（以上は右記著作集巻９「東洋哲学」のうち「イスマイル派〝暗殺団〟」より筆者抄録）

◎シーア派と受難者意識

アリは第４代カリフとして宣誓したものの、（ライバルの）ムアーウイヤはこれを承認せず、アリは敵の回し者に暗殺される（６６１年）。

ムアーウイヤが亡くなってその子で放蕩児のヤジードがウマイヤ朝第二代カリフに就くと（680年）、アリの子ホセイン（上記のハサンとは兄弟）はメッカを後に（ヤジードを倒すために）クーファに赴き、そこでカルベラーの悲劇（完全な敗北と悲劇的な殉死）が起こる。ウマイヤ家の暴虐によって失われようとしているのは、預言者ムハンマドの精神そのもの・イスラームの「内面性」であり、それを今自分の死によって活性化しなければイスラームの将来はないというのがホセインの信念だ、と言われている。かくしてシーア派イスラームが受難の宗教として成立した。（以上は著作集巻９「東洋哲学」のうちの「シーア派イスラーム」より筆者抄録）

以上、歴史的経緯を哲学的に考察しつつ、スンニ派との違いを語りシーア派の本質を述べて余すところがない。

「隠れイマーム」の再現を願うイスラーム・シーア派の信仰体系を背景にして、ホメイニ師が作り出した統治理論（ベラーヤテ・ファギ）は、イマーム系列の最後、「隠れイマーム」（第12代イマーム）が再出現するまでの間を埋める統治のあり方として、最高レベルの宗教学者が「隠れイマーム」の代理を務めることを定めたものである。イマームを最もよく理解する宗教学者による代理統治であり、代理である以上ホメイニ師にしてもハーメネイ師にしてもイマームそのものではなく、彼らをイマームと呼ぶのは俗称である。

（3）イスラーム主義と民族感情の調和

イスラーム・シーア派は、上記の説明の通りアラブ社会で生まれたものであるが、それを自家薬籠のものとして発展させたのはイラン人である。したがって、シーア派イスラームはイラン人の民族感情にもマッチしたものといえそうであるが、問題は普遍主義を標榜するイスラームと、イラン人としての民族的誇り、民族感情との兼ね合いであり、さらに言えば宗教界の政治における関与のあり方・役割に及ぶ。

イスラームは神と人間の関係を規定する宗教であり、建前上そこにイラン人もなければアラブ民族もないはずである。しかし、現実にはスンニ派のアラブ諸国からすればシーア派はイラン人の宗教であり、あたかもイスラームとは別の宗教のごとき扱いである。また、イラン人から見れば、イスラームの多数派であるスンニ派とは異なる発展を遂げたシーア派の独自性を抜きにしてイスラームはあり得ない。イランが対外的にイスラーム復興を声高に叫ぶほど、国際社会ではシーア派への脅威感を募らせることになるが、同時に国内的にも民族感情と宗教のあり方は微妙である。「ベラーヤテ・ファギ」の統治原理の下、宗教界の政治権力や経済権益が大きくなればなるほどそれに対する反発も必至である。

具体的に見ていこう。

「イラン流」への批判

アフマディネジャード大統領第2期目、特に２０１１年春の大統領自宅引きこもり事件以降、それまで大統領再選を支持してきた（宗教界をバックとする）保守派主流内から、大統領周辺さらには大統領自身への批判・非難が噴出した。これまでも引用したアリ・モタハリ議員は、その間の事情を次のように述べている（２０１２年9月）。

「大統領や周辺の人たちの文化や宗教の原則に関する立場、また〝イラン流（マクタベ・イラン）〟といった考え方が問題である。

彼らが、域内での地殻変動（〝アラブの春〟と呼ばれる動き）に対してイスラームの覚醒とは呼ばず人間の覚醒という言い方をするのは、根っこに〝イラン流〟の考え方があるからである。彼らは、ターレバンやアルカイダの解釈をイスラームとはいえないと主張して（それ自体はよいが、それを口実に）、イスラーム自体への言及を回避しようとする。せいぜいイスラームのイラン的解釈という枠内で、イスラームに言及するに過ぎない。（大統領や周辺の指導者にとって）イスラームは人間性と同義であり、オーギュスト・コントのいう〝人間教〟と同じようなものである。彼らは世界に受け入れられようとして、イスラームそのものではなく、公正や神の唯一性、自由・人間への愛といった言葉でイスラームを語ろうとする」

また、２０１２年7月「逸脱勢力」として糾弾されそれまで公の活動を阻まれていたマシャイ元大統領室長が、久しぶりに公的な会合に姿を見せ演説した。するとすかさず、保守派主流に連なるサイトはこう批判している。

「マシャイは、政府高官として一言もイスラームという言葉を口にしなかった。人間や世界という言葉を繰り返すのみであった」

すなわち、保守派主流の側からの大統領とその周辺への批判は、彼らがイスラームの教えを自分の都合いいように勝手に解釈していること、それがもっぱらイラン流であること、すなわちイラン人の民族感情を煽るものであること、そうした背後には宗教界を政治の世界から排除しようとする意図が漂うことなどの点に集約される。

これ等批判に対するアフマディネジャード大統領側の反論も見ておこう。

「イラン流」とは

政府系「イラン」紙のサイトは、革命ガード・政治担当次長の人事を批判して、次のような記事を配信した（2012年11月）。

「革命ガードの新任の政治担当次長は、かつて革命ガード機関誌に投稿して、最高指導者が承認する行政府の長（アフマディネジャード大統領）をホッジャティエの新しいリーダーとして批判した人物である。（大統領の唱える）公正についてのスローガン・被抑圧者支援・〝隠れイマーム〟の連呼などいずれもホッジャティエの新しい考え方に基づくものである、と書いて大統領を批判した人物である」

話を進める前にホッジャティエについて触れておくと、2012年6月コム神学校の教師・神学生も異例のコミュニケを発表して、「ホッジャティエ協会が、神学校において息を吹き返しつつある」と警告した。大統領側が、そのために批判され、また批判に対して否定しているホッジャティエとはなにか。

資料5にホッジャティエの背景や目的を簡単に説明しておく。

資料5　ホッジャティエの背景・目的（現地マスコミの分析記事を基に筆者まとめ）

「マフダビイェ・ホッジャティエ慈善協会」は、イラン暦1332年（西暦1953年3／4月～）シェイフ・ハラビ氏によって設立され活動が開始された（マフダビイェは、〝マフディ〟すなわち〝隠れイマーム〟の意味。ホッジャティエは、ホッジャトすなわち証言者たちの意味）。ホッジャティエの立場・主張は、「隠れイマーム」の出現を強く願い、そのために積極的に条件整備を進めようというものである。革命後ハラビ氏が活動を停止した後も、いわばホジャッティエ第2世代といわれる者たちが、「隠れイマーム」の出現を座して待つことなく、その出現が可能となる舞台づくりをすべきとして各所で活動し、アフマディネジャード政権下では、その活動が特に活発になったといわれる。

ここでキーワードとなるのが「隠れイマーム」であるが、その出現（復活）の時が近いと考えるのは個人の自由であるとしても、出現を可能とする土壌づくりのために結社活動をするとなれば、宗教界にとっては由々しき問題である。上述の通り、「隠れイマーム」の出現（復活）はシーア派イスラーム信仰の中核であり軽々に扱われる問題ではない。極端な話、「隠れイマーム」が出現（復活）したとなれば、ホメイニ師の統治理論（ベラーヤテ・ファキ）も役割を失うことになる。こうした動きは、宗教界として絶対に看過できないことになる。事実、革命後ホッジャティエ協会の活動は禁じられ、それは現在も同じである。

そうした中で、アフマディネジャード大統領周辺が、まさに題名も「新たな出現（ノウ・ゾフール）」というビデオを制作して、大統領による隠れイマーム出現（復活）のための体制整備努力、すなわち公正の実現に向けた大統領のあらゆる努力を称賛し、剰《あまつさ》え隠れイマームによる大統領加護や、大統領をイマームに殉じた歴史上の人物に模したりして神格化を図ろうとした（保守派主流による、大統領周辺の〝逸脱勢力〟批判の大きな根拠になった）。大統領側からすれば、「公正」の実現こそ国民への公約であり、同時に公正の実現こそ「隠れイマーム」出現のための条件整備となることに、何の問題があるのかということであろう。

結社としてのホッジャティエとの関連はともかく、要すればここでは、シーア派イスラームの信仰の根幹（隠れイマームの出現）に依拠しつつイランの栄光の歴史の再現を目指す大統領に対して、宗教界が権威を振りかざしてこれを抑えにかかるという、既成宗教界との思想的・感情的対立の側面が浮き彫りにされている。

イスラームの宗教とイラン民族の栄光の歴史との関係について、大統領自身は何と言っているか。革命体制下で初めての機会となった国会での大統領喚問で、アフマディネジャード大統領は次のように答えている（ちなみに、その際の国会での代表質問者はモタハリ議員）。

「（ヘジャーブなど特に女性に関するイスラームの規律について）自分（大統領）は、明確な問題意識を持っている。自分流に（規律の乱れを）批判している。しかし、文化の問題になると（保守派主流の人たちは）なぜ声高に人々を責めるのか。イラン国民は信仰心厚く、立派な人たちである。厳しく取り締まる対象ではない。文化の問題は、（人を）捕まえて（施設を）閉鎖すれば済む、といった問題ではない（取締で片付く問題ではないとの意）。我々のうちで、誰が間違いを犯していないというのか。厳しく取り締まるならば、却って人々の間に、〝説教師たちは演壇では立派なことというが、人々が見ていないところでは別である〟との思いを高めることになろう」

「（イラン流〝マクタベ・イラン〟について）イラン国民は高い道徳と文化を備え真理を求める国民であり、この点他の民族とは異なる。イランはいろいろな民族の花園であり、12イマーム派のシーアの国、モハンマド直系のイスラームを支持する国、なぜ〝イラン流〟と言ったらそんなに大騒ぎするのか。他の人が〝ホラーサーン流〟といったり〝イラク流〟といったら、同じ様に大騒ぎするのか。〝イラン流〟といわないで〝イギリス流〟とでもいえというのか」

売り言葉に買い言葉の感じもなくはないが、大統領の言葉の端々から透けて見えるのは、イスラームに対するイランにおける伝統的な受け止め方、すなわち神との直接の合一を願うイスラーム神秘主義の思想の流れに連なるものであり、宗教における内面性重視のとらえ方である。そうしたとらえ方は同時に、外面的規制を重んじる宗教界の軽視にもつながり、政治的に言えば宗教界抜きの政治の実現を目指しているととらえられても仕方ない面がある。

民族としての豊かな歴史と文化を持ち、またイスラーム文化全体の発展において独自の大きな貢献を行ったと自負するイラン人の民族意識や宗教的感情の綾は実に微妙である。それは、個人レベルにおける多様な感じ方・生き方を可能とすると同時に、政治の動き・流れに絡んで大きく揺れ動きもし、その結果自らのアイデンティティが定まりにくいという、イラン社会の強み（文化や政治思想の多様性や豊かさ）とも弱み（対立・不安定さ）ともなっている、といえよう。

【注】

1　２０１４年４月、殉教者庁は22万２０００本の記念植樹を行っているので、これが実際の殉教者の数と思われる。

おわりに

本書は、2013年末時点までのイラン情勢をまとめたものであるが、ロウハーニ政権の内外にわたる融和政策は本書の校正作業を始めた時点においても（2014年5月）、積極的に進められている。本書を書き終えるにあたって、融和政策のシンボルともいえる核交渉のその後の進展に触れておきたい。

2013年11月、ジュネーブでP5＋1とイランの間でなされた核問題に関する暫定合意は、その後2か月にわたる交渉の末2014年1月、その実施細則となる「共同行動計画」がまとめられ実施に移された。同時に、その実施期間内（とりあえず半年間で2014年7月まで）に核疑惑問題の包括的解決（最終合意）をまとめるために、ウイーンで引き続き交渉が開始された。2・3・4月と毎月実施された協議を踏まえて、最終合意文書の作成に入ることになっている。

「共同行動計画」は正式な文書としてまとめる形式はとらず、その内容が文書として公表されることもなかったが、関係者が記者会見等で説明したところによれば、次のような具体的内容が含まれる。

（i）20％濃縮ウランの製造を中断するために、ナタンズ濃縮施設の2つのカスケード[注1]とフォルド濃縮施設の4つのカスケードの連結を解いた上で封印する。

（ii）現存の196キロの20％濃縮ウランは、半分を燃料板に、残り半分を3・5％の濃縮ウランに希釈する。
(iii) フォルド濃縮施設に設置済みの2000個の第2世代（新型）遠心分離器は活動させない。
(iv) 原油輸出は現状（100万BD）が維持される。
(v) 国外にあるイランの凍結資産42億ドルを8回にわたって解除する。
(vi) 食料・医薬品等人道関連品目の輸入は制裁対象外であるが、実際は金融取引に対する制裁措置のため、困難に直面している。そうした困難を回避するため、特別の銀行チャネルを開設する。
(vii) 上記銀行チャネルを通じて、4億ドルを限度に外国の教育機関への学費払込みや外国の医療機関への支払いもなされる。

暫定合意実施期間である半年間にわたる制裁緩和措置の結果、米国はイランが70億ドルの外貨を獲得ないし節約できると見積もっている。他方、イラン側は政府の誇張もありそうであるが、核交渉メンバーであるバイディネジャード外務省局長は、直接間接にイランは200億ドルの外貨を獲得ないし節約できようと述べている。

最終合意に向けた交渉に世界の関心が注がれていく中で、暫定合意の実施自体、現場でスムーズにいくかどうかは保証の限りではない。[注2]

そもそも、2013年11月ジュネーブでの暫定合意からその実施細則の交渉妥結に2か月も要したり、実施細則である「共同行動計画」が正式文書という形を取らなかったのも、核問題の解決に反対する勢力の動きを慮ってのことである。たとえば、専門家レベルにより「共同行動計画」を詰めるための交渉が進められている最中に、米国がイランの法人・個人を制裁リストに追加掲載したことに対して、反発するイランが交渉チームを本国に引き上げさせたりしている。

また、イラン側交渉代表であるザリフ外相は、自らの外交活動をツイッターを通じて国民に直接報告する中で、繰り返しなされる無理解や誤解に基づく反対派の揚げ足取り、特に出所を明示しないでなされる根拠なき批判や外国の報道に基づく一方的非難に対して、やんわりとであるがはっきりと苦言を呈している。

ラフサンジャーニ元大統領はジュネーブ合意に触れて、「米・イラン双方に合意を潰さんとたくらむ過激派がいる。彼らは戦争こそ問題の唯一の解決法と考えている。イランでもジュネーブ合意を〝トルコマンチャイ条約〟[注3]に準えて大騒ぎを企てた連中がいた。最高指導者の時宜を得た（交渉団への）支持と感謝の言葉がなかったら、彼らはきっと大騒ぎしたはずである」と述べている。

最終合意となれば、交渉の核心となる濃縮活動の具体的態様や関連活動、たとえば遠心分離器の開発や製造の扱い、地下施設であるフォルド濃縮施設やアラクの重水炉（プルトニウムの生産が可能）の扱い、IAEAによる査察活動の強化、特に軍事関連施設の扱い、また核兵器の輸送手段となるミサイル開発の扱いなど、イランが繰り返し表明している原則的立場[注4]に抵触しかねない問題領域に踏み込むことになり、妥協・合意は容易ではない。

P5＋1側の中心である米国の立場も微妙である。核問題の解決に向け熱意を示すオバマ大統領に対して、議会や同盟国のイスラエルのみならずサウジアラビアまで不快感を露わにして、足を引っ張ろうとしている。２０１４年1月年頭教書においてオバマ大統領は、「（交渉が進む）現在の状況下、イランに対し議会が制裁を決議すれば、自分は拒否権を行使する」と述べて、交渉終結に向けた大統領の意思に揺らぎはないが、同時に、「イランの指導者がこの機会を生かさないのであれば、自分から進んで制裁の強化を求めるし、すべてのオプション（軍事的手段を含む）を取る用意がある」と繰り返している。

イラン側においても、ロウハーニ大統領の問題解決に向けた強い決意のみならず、核問題・対米関係に関するキーパーソンであるハーメネイ最高指導者も交渉継続を支持しているが、同時に最高指導者は事あるごとに米国への不信、交渉における原則的立場の固持を強調しており[注5]、仮に交渉がうまく行かなかった場合でも責任が最高指導者自らに及ばないよう配慮しているようである。

２０１４年４月、最終合意を目指すウイーンでの3回目の交渉を終え、7月までの交渉期限の折り返し点に達したところで、ザリフ外相は交渉が合意に達する可能性について問われ50－50であろうと答えている。

問題の複雑さや内外の反対派の存在を考えれば、楽観できる状況にないことは明らかであるが、ザリフ外相の予見通り何とか妥協が図られるよう心から望みたい。

ロウハーニ政権の登場とともに、日本とイランの関係においても、少なくとも要人の往来レベルでは大きな動きが出てきている。

総理特使としての高村副総理と岸田外相が相次いでイランを訪問したほか、２０１４年になってザリフ外相とエブテカール副大統領（環境庁長官：女性）が相次いで来日した。

ザリフ外相の訪日に際しては、ナザル・アハリ駐日イラン大使が公邸で歓迎レセプションを催し筆者も出席した。旧知の大臣を何とか直接激励したいと思い、筆者は「あなたのツイッターは興味深く拝見している」と前置きの上、上述の反対派によるいわれなき中傷・非難に対してツイッターの中で大臣がやんわりと反論する際、しばしばイランの有名な詩人の詩句を引用して諌めるのを踏まえて、そのうちの一節を語りかけた。

その一節というのは「もし私をいささかも好きでないとしても　なぜ私のグラスを割るのか　ライラよ」[注6]というもので、大臣はそれを聞くと破顔一笑し、瞬時安らいだように思えた。

最後に、前著同様変わらぬ心配りとアドバイスを頂いた明石書店の大江道雅氏と、オフィスバンズの金野博氏に心から感謝申し上げたい。

もとより本書の中身に関する全責任が筆者にあることは、記すまでもない。

平成26年6月

駒野　欽一

【注】

1　カスケードは164の遠心分離器を一纏めにすることであり、カスケードを連動して作業させることでウランの濃縮能力を強化する。

2　暫定合意に定められている合意事項の実施監督のための共同委員会は、2014年4月に発足した。

3　19世紀前半第2次イラン・ロシア戦争で敗北したイランは、トルコマンチャイ条約により領土割譲と賠償支払いへの同意を余儀なくされた。

4　平和利用のための濃縮の権利、既存の設備や研究開発活動の維持・継続、軍事・国防政策への不関与など。

5　たとえば最高指導者は最近の演説でも、「米国はイランの体制変更を求めないというが嘘である、その力がないだけである。米国の敵意は、イスラーム革命とイスラームの原則に向けられたものである。核問題が解決しても、米国は別の問題を持ち出してくる。現在もイランの人権やミサイル・防衛の能力についてとやかく言っている」と述べている。

6　ライラとはアラブの有名な恋愛物語の女主人公であり、引用節は「なぜ余計なお節介を焼くのか」の意味。

マ行

ヤ行

ラ行

タ行

ナ行

ハ行

サ行

索　引

ア行

カ行

著者紹介

駒野　欽一（こまの　きんいち）

1947年生まれ、東京外国語大学アラビア語科中退。

1970年外務省入省、イランのシラーズ・パハラビ大学でペルシア語・文学研修、米国における9.11同時テロ事件後、アフガニスタン大使、その後、NGO・アフガン支援調整・人間の安全保障担当大使、エチオピア大使（ジブチ大使・アフリカ連合代表兼任）、ハーバード大学研究員（ウェザーヘッド国際センター）、イラン大使を歴任後、2012年外務省退職。

著作に、『イラン1940-1980——現地資料が語る40年』（共著、中東調査会、1982年）、『私のアフガニスタン——駐アフガン日本大使の復興支援奮闘記』（明石書店、2005年）、『ペルシャ語専門家の見たこと、聞いたこと、やろうとしたこと』（日本国際問題研究所、2006年）、"The Role of Elections in the Peace-Building and Reconstruction of Afghanistan" (*Asia-Pacific REVIEW*, Vol.12, No.1, May 2005, Routledge）など。

変貌するイラン
——イスラーム共和国体制の思想と核疑惑問題

2014年8月1日　初版第1刷発行

著　者　駒　野　欽　一
発行者　石　井　昭　男
発行所　株式会社　明石書店

〒101-0021 東京都千代田区外神田6-9-5
電　話　03(5818)1171
FAX　03(5818)1174
振　替　00100-7-24505
http://www.akashi.co.jp

組　版　株式会社オフィスバンズ
装　丁　明石書店デザイン室
印刷・製本　モリモト印刷株式会社

ISBN978-4-7503-4049-4

Printed in Japan　（定価はカバーに表示してあります）

イランを知るための65章
エリア・スタディーズ 43　岡田恵美子、北原圭一、鈴木珠里編著 ◉2000円

現代アラブを知るための56章
エリア・スタディーズ 120　松本 弘編著 ◉2000円

イスラエルを知るための60章
エリア・スタディーズ 104　立山良司編著 ◉2000円

シリア・レバノンを知るための64章
エリア・スタディーズ 123　黒木英充編著 ◉2000円

アラブ首長国連邦(UAE)を知るための60章
エリア・スタディーズ 89　細井 長編著 ◉2000円

サウジアラビアを知るための65章
エリア・スタディーズ 64　中村 覚編著 ◉2000円

現代イラクを知るための60章
エリア・スタディーズ 115　酒井啓子、吉岡明子、山尾 大編著 ◉2000円

現代エジプトを知るための60章
エリア・スタディーズ 107　鈴木恵美編著 ◉2000円

リビアを知るための60章
エリア・スタディーズ 59　塩尻和子 ◉2000円

チュニジアを知るための60章
エリア・スタディーズ 81　鷹木恵子編著 ◉2000円

アルジェリアを知るための62章
エリア・スタディーズ 73　私市正年編著 ◉2000円

モロッコを知るための65章
エリア・スタディーズ 63　私市正年、佐藤健太郎編著 ◉2000円

トルコを知るための53章
エリア・スタディーズ 95　大村幸宏、永田雄三、内藤正典編著 ◉2000円

バルカンを知るための65章
エリア・スタディーズ 48　柴 宜弘編著 ◉2300円

コーカサスを知るための60章
エリア・スタディーズ 55　北川誠一、前田弘毅、廣瀬陽子、吉村貴之編著 ◉2000円

アルメニアを知るための65章
エリア・スタディーズ 74　中島偉晴、メラニア・バグダサリヤン編著 ◉2000円

〈価格は本体価格です〉